Kaj Lund

Fancywork

Kaj Lund

fancywork

Spielereien mit Tauwerk

Deutsche Übersetzung W. Recknagel

Delius, Klasing + Co Bielefeld

Titel der dänischen Originalausgabe
TOVVAERKSKUNST
erschienen im Borgens Forlag, Kopenhagen
© Kaj Lund 1969

5. Auflage

ISBN 3-7688-0172-1

Alle Rechte für die deutsche Ausgabe
liegen beim Verlag Delius, Klasing & Co, Bielefeld
Printed in Germany 1977
Einband: E. Schonart
Druck: Gustav Thomas, Bielefeld

Inhalt

Vorwort

Viele Leser werden das in diesem Buch Gezeigte vielleicht als Bastelarbeiten betrachten. Andere werden es als Tauwerkskunst ansprechen, weil jede selbständig schaffende Arbeit nach künstlerischen Kriterien beurteilt werden darf und weil man mit dem schönen Material Tauwerk ein Ausdrucksmittel in der Hand hat, das sich wie andere Materialien künstlerisch formen läßt. Wenn das Buch nun weder diesen noch jenen Begriff im Titel führt, sondern *Fancywork* genannt wurde, so deswegen, weil damit auf den Ursprung solcher Spielereien mit Tauwerk hingewiesen werden sollte, wie sie das Buch zeigt. Die Fahrensleute auf den Windjammern waren es, die, wenn sie bekalmt waren und reichlich Zeit hatten, sich durch Beschäftigung mit Tauwerk die Langeweile vertrieben. *Fancywork* nannten sie das Ergebnis. Es war meistens ebenso nutzlos wie schön und diente lediglich der Ausschmückung ihres Schiffes und zahlreicher persönlicher Gegenstände.

Seeleute sind immer noch stark traditionsgebunden. Sie haben die berufsmäßige Ausnutzung des Tauwerks perfektioniert, die Ausnutzung seiner Möglichkeiten für Bastelarbeiten und Tauwerkskunst darüber aber vernachlässigt. Flauten halten ihre Schiffe ja heute nicht mehr auf. Dieses Buch versucht deshalb, auf einige dieser Möglichkeiten hinzuweisen und sie vor dem Vergessenwerden zu bewahren – zur Freude all jener, die im Tauwerk mehr sehen als ein Mittel, zwei Gegenstände miteinander zu verbinden oder ein Boot festzumachen.

Für Anregungen sowie die Erlaubnis, Tauwerksarbeiten abbilden zu dürfen, sei an dieser Stelle Dank gesagt an Steuermann Jørgen Bloch, Matrose Harald A. Christensen, Bootsmann Finn Hurup, Wachtmeister Frode Johannsen, Matrose J. Banke Jørgensen, Matrose Jacob Kaa, Kapitän J. Hill Madsen, Steuermann G. Kürstein Nielsen, Steuermann Bent Ohrt, Takler Svend Olsen, Kapitän L. Poulsen, Quartiermeister Peter Poulsen, Kapitän Alfred Raun, Donkeymann Edvard Sabin und Schiffer S. H. Sørensen.

Kaj Lund

Bild 1. a: Segelgarn (seaming), b: 1 mm starkes, hart geschlagenes Hanfgarn (Kreideschnur), c: 2 mm starkes Hanfgarn (Sägeschnur), d: 3 mm starke Hakenleine, e: 7 mm starke Wurfleine, f: 10 mm starke Leine, g: 15 mm starkes Tauwerk, h: 20 mm starkes Tauwerk.

Schnellkursus in Tauwerkskunde

Leser, die bereits Kenntnisse im Umgang mit Garn und Tauwerk besitzen, können diesen Abschnitt überspringen. Dasselbe gilt für den Anfänger, der im Besitz eines Handbuches mit Anleitung für die wichtigsten grundlegenden Tauwerksarbeiten – Knoten, Takling, Spleiß – sowie mit den allgemeinen technischen Begriffen ist.

Begriffe

Die Bezeichnungen für Tauwerk und seine Funktionen können von Berufszweig zu Berufszweig unterschiedlich sein, auch innerhalb des seemännischen Interessengebietes. Daher werden aus praktischen Gründen vorzugsweise solche Ausdrücke verwendet, die in der Handelsflotte üblich sind. Es wird eine Anpassung des technischen Sprachgebrauchs angestrebt, um ein besseres Verständnis zu erreichen. Sollten dennoch Unklarheiten vorkommen, dann halte man sich am besten an die Illustrationen und Bildunterschriften sowie an das Wörterverzeichnis auf Seite 142.

Das Material (Bild 1, 2 u. 3)

Wo es notwendig erscheint, wird der Durchmesser des Materials in mm angegeben. Im übrigen werden die Dimensionen normalerweise wie folgt unterteilt:

Garn ist die gemeinsame Bezeichnung für Material mit kleinem Durchmesser. Mit *Garn* wird häufig solches Kabelgarn bezeichnet, aus dem die Kardeele eines Taues oder einer Leine zusammengedreht (geschlagen) sind.

Garn ist außerdem eine kürzere Bezeichnung für Nähgarn im seemännischen Gebrauch (Segelgarn). Die technische Bezeichnung lautet *seaming* für Hanfgarn, das aus 2, 3 oder 4 dünnen Kabelgarnen zusammengedreht ist. Mit *Garn* wird in diesem Buch ebenfalls eines der am häufigsten angewendeten Materialien für Tauwerkskunst bezeichnet. Hanf ist am besten, we-

7

Bild 2. *a: vierfachgeschlagenes Kokostauwerk, b: dreifachgeschlagenes Gut aus Manila, c: dreifachgeschlagenes Gut aus Sisal, d: dreifachgeschlagenes Gut aus Baumwolle, e: geflochtenes Baumwollgut, f: dreifachgeschlagenes Gut aus Polyäthylen mit dicker Faser, g: dreifachgeschlagenes Gut aus Polyäthylen mit flacher Faser, h: dreifachgeschlagenes Gut aus Nylon, i: geflochtenes Nylongut.*

niger gut sind Flachs und Jute. Das Material ist ½ bis 3 mm dick und im Handel unter dem Namen Angelschnur, Hakenleine, Sägeschnur, Maurerschnur oder Kreideschnur erhältlich.

Leine ist der Sammelbegriff für Material mittlerer Stärke von 3 bis 10 mm Durchmesser.

Tau oder Tauwerk ist schwereres Material; diese Bezeichnung wird üblicherweise für Durchmesser von 8–10 mm bis zu 30 mm angewendet.

Noch schwereres Gut wie Trossen oder Kabeltaue kommen in diesem Zusammenhang nicht zur Anwendung.

Für die hier gezeigten Arbeiten wird vorzugsweise Garn, Leine und aus

Bild 3. A: dreifachgeschlagenes Tauwerk, B: vierfachgeschlagenes Tauwerk mit Seele, C: kabelgeschlagene Logleine, f: Faser, g: Garn (Kabelgarn), k: Kardeel, tk: trossengeschlagenes Kardeel.

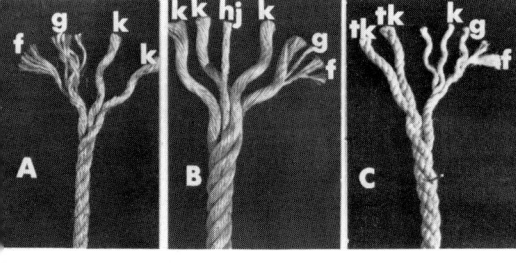

Pflanzenfasern hergestelltes Tauwerk benutzt, vor allem solches aus Hanf, weil es als das schönste und am besten geeignete Material gilt. Es gibt jedoch keinen Grund, nicht auch andere Materialien zu verarbeiten.

Tauwerk gibt es geflochten oder *geschlagen* (zusammengedreht). Hier wird besonders Tauwerk verwendet, das aus 3 Kardeelen besteht, seltener solches aus 4 Kardeelen; letzteres ist in der Regel um ein dünneres *Kalb* (auch Seele genannt) herum geschlagen.

Das einzelne Kardeel besteht aus einer größeren oder kleineren Anzahl zusammengedrehter *Kabelgarne* (normalerweise einfach *Garn* genannt).

Das einzelne Garn besteht aus einer Anzahl zusammengedrehter dünner Fasern. Eine Ausnahme können bestimmte Kunststoffgarne bilden, bei denen das einzelne *Garn* aus einem zusammengedrehten Streifen Plastikfolie besteht.

Einige besondere Begriffe (Bild 4)

In Verbindung mit den hier erwähnten Arbeiten kommen u. a. Ausdrücke wie Tampen (das Ende eines Taues), Bucht, Törn oder Rundtörn und andere mehr vor. Die meisten dieser Spezialausdrücke sind in Bild 4 und der dazugehörigen Bildunterschrift erklärt.

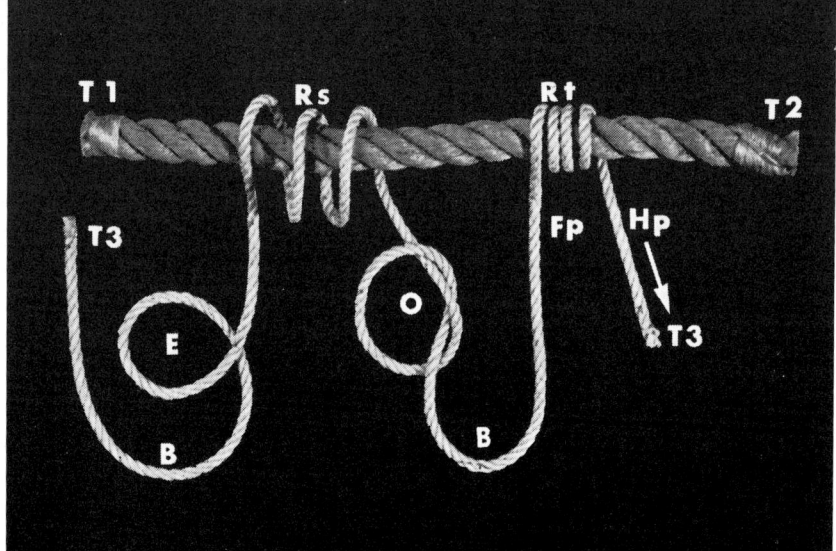

Bild 4. T 1: Tampen mit einfachem Takling. T 2: Tampen mit genähtem Takling.
T 3: Tampen mit Würgestek. B: Bucht. E: Auge. O: Halber Schlag. Rs: Rundtörns
(lose). Rt: Rundtörns (festgezogen). Fp: Feste Part. Hp: Holende Part.

Takling

Eine Bewicklung oder Beschnürung zur Sicherung des Tampens (Endes), damit die Kardeele nicht aufgehen oder der Tampen nicht ausfranst.

Der einfache oder Behelfstakling (Bild 5) wird durch Umwickeln des Endes mit Segelgarn (einige Törns) gegen die Drehrichtung der Kardeele ausgeführt. Der Tampen des Garns wird unter den ersten Törns bekniffen (A und B). Das andere Ende des Garns wird längs des Taklings zurückgelegt (C), es werden weitere 3–4 Törns über dieses Ende gelegt (D); dann holt man das Garn durch, so daß es bekniffen wird (E), und schneidet das übrige Garn ab.

Braucht man bei einer Arbeit viele Behelfstaklinge, nimmt man besser den Würgestek, dessen Ausführung in Bild 6 gezeigt wird.

A. Man beginnt mit einem Auge, wobei die rechte Part oben liegt. Man hält es mit Daumen und Zeigefinger beider Hände ausgebreitet und läßt die losen Parten auf den übrigen Fingern liegen.

B. Das Auge wird zu einer Acht verdreht, so daß die Mitte der oberen Bucht sich quer auf die Überschneidungsstelle legt.

C. Die Acht wird zusammengefaltet, es entstehen zwei Augen (Rundtörns).

D u. E. Beide Augen werden über den Tampen gestreift und festgezogen.

Benötigt man dagegen einen Dauertakling, empfiehlt sich ein genähter Takling (Bild 7); hierzu muß man Segelnadel und Segelhandschuh zur Hilfe nehmen.

Man näht einmal quer durch die Leine hindurch (A), dann legt man das Garn in einigen Törns gegen die Richtung der Kardeele um die Leine (B), so daß der Tampen bekniffen wird. Danach näht man so durch die Leine, daß das Garn in einer Keepe zwischen zwei

Bild 5. Einfacher Takling.

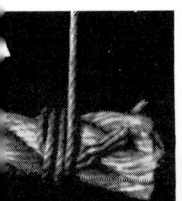 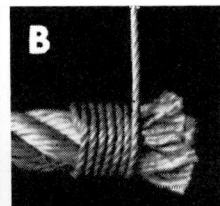 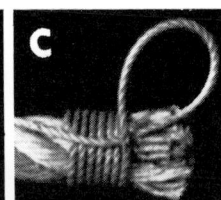 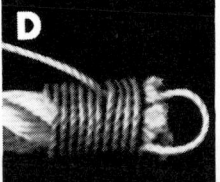 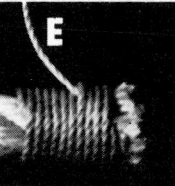

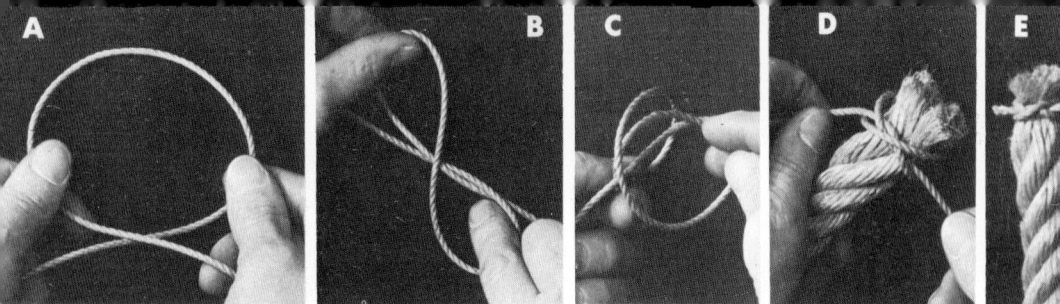

Bild 6. Würgestek als „Schnell"-Takling.

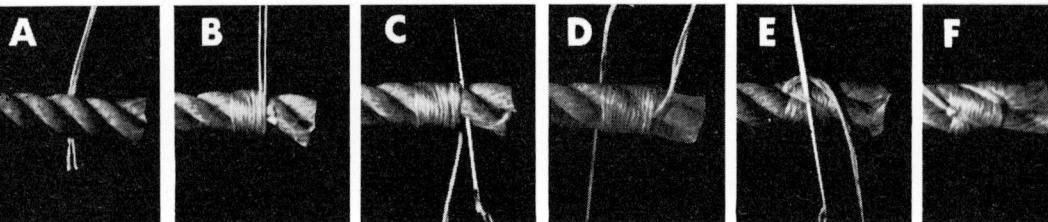

Bild 7. Genähter Takling.

Kardeelen herauskommt (C). Nun näht man hin und zurück durch die Kardeele (D), wobei das Garn außen auf den Törns den Keepen folgt. Zum Schluß wird das Garn bekniffen – z. B. durch einen halben Schlag um seine eigene Part.

Bändsel

Soll eine Bewicklung in einem gewissen Abstand vom Tampen eines Taues gelegt werden, um z. B. mehrere lose Parten zusammenzuhalten, wird diese Bewicklung üblicherweise mit Bändsel bezeichnet (Bild 8), obgleich sie in ähnlicher Weise wie der einfache Takling ausgeführt wird. Man kann auch einen genähten Takling benutzen.

Der Würgestek als Bändsel auf einer Arbeit wird als Webeleinstek mit Schloß ausgeführt (siehe Bild 15).

Soll ein Dauerbändsel gesetzt werden, kann man vorteilhaft das *durchgenähte Bändsel* benutzen (Bild 9). Man näht durch die Parten dreimal um die Ar-

beit herum. Auf diese Weise liegt das Bändsel unter der Oberfläche der Arbeit verborgen.

Augspleiß (Bild 10)

Viele Tauwerksarbeiten werden mit einem Auge angefangen; hierfür ist der Augspleiß besonders zweckmäßig.

A. Die Kardeele werden aufgedreht, man bildet ein Auge in der gewünschten Größe.

B. Das mittlere lose Kardeel wird unter eines der Kardeele der festen Part hindurchgeführt – gegen den Schlag der Kardeele.

C. Das lose Kardeel rechts wird unter das feste rechte Kardeel gespleißt.

D. Das lose Kardeel auf der linken Seite wird unter dem festen Kardeel links hindurchgeführt. Nun müssen die drei losen Kardeele auf gleicher Höhe jedes in seiner Keepe in der festen Part sitzen.

E. Man spleißt weiter mit den losen Kardeelen, wobei jedes für sich ab-

Bild 8. Einfaches Bändsel.

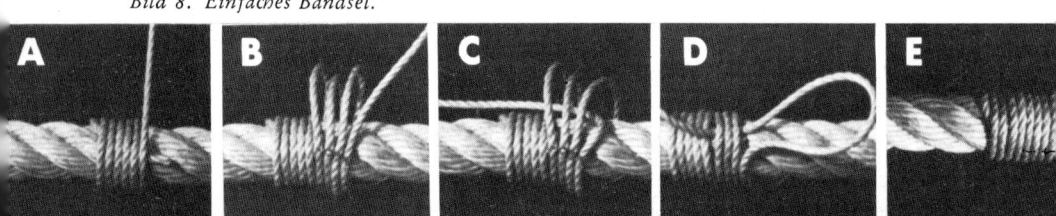

wechselnd über und unter eines der Kardeele der festen Part durchgesteckt wird.

F. Soll der Augspleiß keiner großen Zugbeanspruchung ausgesetzt werden, kann man die Kardeele vor dem letzten Durchstecken verjüngen; es sieht besser aus.

N. B. Beim *verkehrten Augspleiß* oder Kontraspleiß (Bild 11) wird gegen den Tampen gespleißt, so daß man eine regelrechte Ringform erhält.

Das Zusammenspleißen von zwei Enden

Der gewöhnliche Kurzspleiß (Bild 13 A) ergibt eine Verdickung an der Spleißstelle und wird deshalb beim Fancywork selten verwendet. Wenn es erforderlich ist, zwei Enden so zu verbinden, daß die Spleißstelle nicht auffällt und keine besonders hohe Zugfestigkeit verlangt, kann man den *verleimten Langspleiß* benutzen; seine Ausführung wird in Bild 12 gezeigt.

A. Die Kardeele werden auf eine Länge von ca. dem Zwanzigfachen des Leinendurchmessers aufgedreht (länger als im Bild gezeigt) und wie gefaltete Finger zusammengeführt.

B. Das Kardeel a wird ein Stück länger herausgelöst und Kardeel a 1 in seine Spur hineingedreht. Das Kardeel c 1 wird zur entgegengesetzten Seite aufgedreht, und Kardeel c in seine Spur gelegt. Die Kardeele werden paarweise verknotet.

Bild 11. Verkehrter Augspleiß (Kontraspleiß).

Bild 9. Durchgenähtes Bändsel.

Bild 10. Augspleiß.

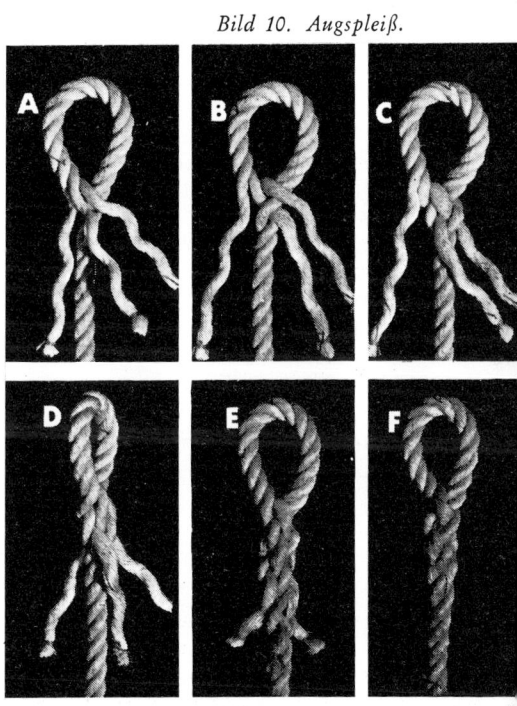

11

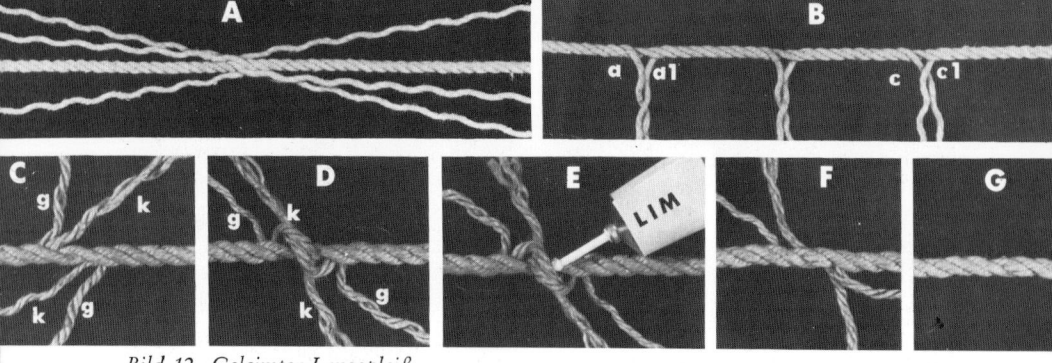

Bild 12. Geleimter Langspleiß.

C. Wir betrachten nun ein einzelnes Kardeelpaar. Ungefähr die Hälfte der Garne (g) wird bei jedem Kardeel herausgenommen und zurückgelegt.

D. Mit den verjüngten Kardeelen (k) schlägt man einen Überhandknoten (das linke Kardeel liegt oben).

E. Bevor der Knoten zusammengezogen wird, gibt man einen Tropfen schnell trocknenden Leim in die Keepe.

F und G. Der Knoten wird zusammengezogen; ist der Leim getrocknet, werden die Kardeele knapp gekappt.

N. B. Soll ein Langspleiß starkem Zug ausgesetzt werden, werden anstelle des Leimens die beiden Tampen einige Male über- und untereinander durchgesteckt. Diese Methode wird beim Grummetstropp im Bild 27 gezeigt.

Arbeitsknoten und -steke

Ein Knoten ist ein Wulst oder eine Verdickung auf einer Leine; ein Stek dient zum Festmachen oder Zusammenstecken.

Der Großteil der Knoten, die in diesem Buch beschrieben werden, hat dekorativen Charakter. Hier soll eingangs ein einfacher Arbeitsknoten erwähnt werden. Er ist allgemein bekannt und wird häufig verwendet. Es ist der halbe Schlag, im normalen Sprachgebrauch auch *gewöhnlicher Knoten* genannt (siehe Bild 4).

Der Kreuzknoten (Bild 13), auch *richtiger Knoten* genannt, ist eigentlich kein Knoten, sondern ein Stek. Er wird zum Verbinden zweier Enden angewendet.

A. Die beiden Tampen werden über Kreuz gelegt. a (die linke Part) liegt oben.

B. Die Tampen werden mit einem Überhandknoten verbunden.

C. Sie werden wiederum über Kreuz gelegt. a (jetzt die rechte Part) liegt wieder oben.

D. Es wird ein zweiter Überhandknoten gemacht.

E. Alle vier Parten werden angezogen.

F. Der Slipstek wird angewendet, wenn der Kreuzknoten leicht wieder gelöst werden soll. Anstelle des Tampens von a (in Bild C) wird die Bucht von a beim letzten Teil des Steks benutzt.

Auge und Rundtörn werden oft erwähnt und angewendet. Das Auge, häufig mit dem Rundtörn verwechselt, wird nur in Verbindung mit anderen Komponenten verwendet (Bild 14).

Bild 13. Kreuzknoten.

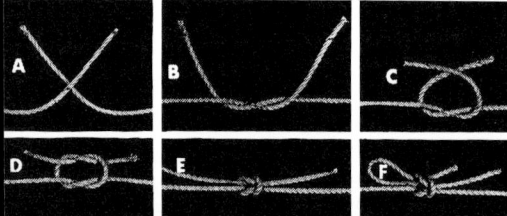

Bild 13 A. Kurzspleiß. Die Kardeele sind eingeflochten (siehe „Bändsel, Leinen, Trossen").

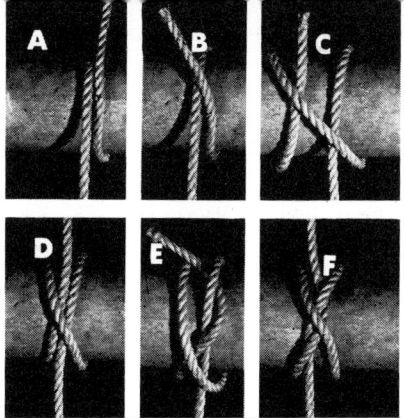

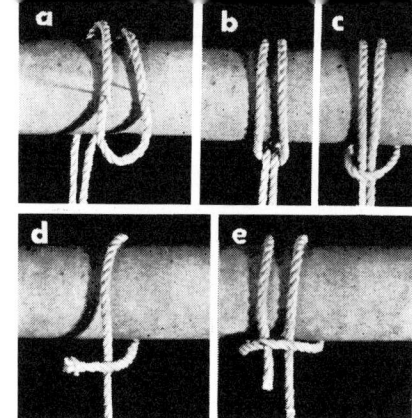

Bild 14. A: Ganzer Rundtörn. B: Auge.
C: Zwei Augen (lose). D: Webeleinstek
(zwei Augen zusammengezogen). E: Webeleinstek mit „Schloß". F: Zwei Augen
(lose) mit „Schloß". Würgestek; ein halt-
bares Bändsel.

Bild 15. a, b und c: Lerchenkopf, mit
Bucht ausgeführt. d und e: Lerchenkopf,
mit dem Tampen ausgeführt.

A. Einfacher Rundtörn (rechtsgeschlagen).
B. Auge (rechtsgeschlagen).
C. Zwei Augen (rechtsgeschlagen).
D. Webeleinstek; zwei Augen zusammen gezogen, so daß sie sich bekneifen.
E. So wird ein *Schloß* auf den Webeleinstek gesetzt. Mit dem Tampen wird
ein Rundtörn um die feste Part des
ersten Auges gelegt.
F. Webeleinstek mit Schloß – entspricht dem Würgestek. Dieser Knoten
bekneift sich sehr stark.
Der Lerchenkopf oder Schlingenstek
(Bild 15) wird u. a. zum Festmachen
von Doppelgarn benutzt.
a. Die Bucht wird zu einem halben
Rundtörn um den Gegenstand gelegt.
b. Die Tampen werden durch die Bucht
geführt.
c. Der Lerchenkopf oder Schlingenstek von der anderen Seite gesehen.
d. Der Knoten kann auch mit einer
einzelnen freien Part ausgeführt werden. Es wird rechtsherum ein Auge um
den Gegenstand gebildet.
e. Dann wird in entgegengesetzter
Richtung ein zweites Auge um den
Gegenstand gelegt, wobei der Tampen
aus seiner eigenen Bucht herausläuft.

Das Zusammendrehen von Tauwerk (Bild 16)

Soll eine Anzahl von Kardeelen (normalerweise 3) zu einer Leine geschlagen
werden, beginnt man so, daß zuerst
zwei der Kardeele zusammengedreht
werden.
A und B. Man hält die Arbeit mit der
linken Hand fest, während die rechte
Hand die losen Parten der Kardeele
abwechselnd je mit einem halben
Rundtörn ineinander legt.
Die Kardeele werden dabei gleichzeitig
etwas um ihre eigene Achse verdreht,
damit der Schlag ihrer Kabelgarne fest
bleibt. Diese Verdrehung der Kardeele geschieht gegen die Richtung des
Zusammendrehens. Man beachte die
Drehung der rechten Hand von A nach
B. Die beiden Kardeele müssen so fest
und gleichmäßig zusammengedreht
werden, daß sie fest ineinander liegen.
Nachdem ein Kardeel einen halben
Rundtörn zusammengedreht ist, greift
die linke Hand weiter nach vorn und
hält so ständig die Spannung in den
zusammengedrehten Kardeelen.
C. Das dritte Kardeel wird zwischen
die beiden ersten hineingepreßt und
um diese herumgedreht, so daß es genauso stramm liegt.
Zum Schluß stezt man einen Takling.

13

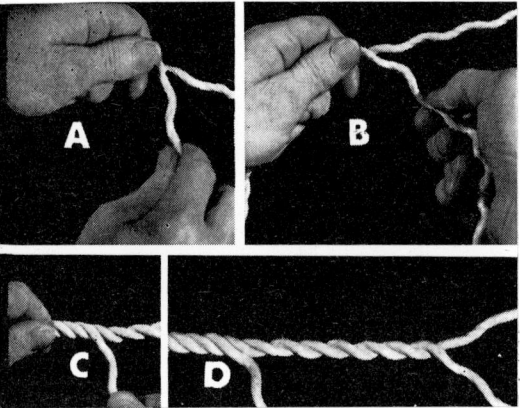

Bild 16. Zusammendrehen von Kardeelen.
Siehe Text.

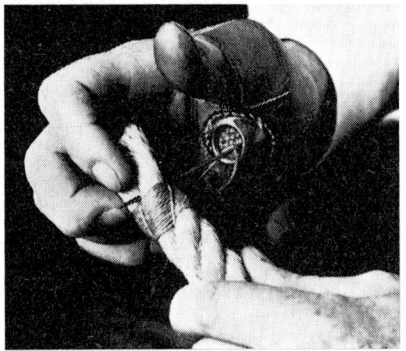

Bild 17. So arbeitet man mit Segelnadel
und Segelhandschuh.

Werkzeug für Tauwerksarbeiten (Bild 18)

Ein nützliches Werkzeug ist eine Spitzzange. Ist die Spitze konisch, kann die Zange gleichzeitig als Pricker benutzt werden.

Zur Bildung größerer Öffnungen sollte vorzugsweise ein Pricker aus hartem Holz verwendet werden, für kleine Öffnungen einer aus Stahl. Der Pricker darf nicht so spitz sein, daß man sich an ihm verletzt. Er soll sich lediglich zwischen Garn oder Kardeele einstecken lassen – aber nicht in die dünnen Fasern.

Man sollte sich weiter einige Sacknadeln verschiedener Stärke anschaffen; sie sind ein gutes Hilfsmittel bei Flechtarbeiten.

Ganz unentbehrlich ist ein kleines scharfes Messer und dazu ein Wetzstein. Zum Nähen durch Tauwerk, wozu man Segelgarn (seaming) benutzt, muß man bisweilen etwas mehr Kraft aufwenden als zum Strümpfestopfen. Darum ist es notwendig, einen Segelhandschuh sowie dreikantige Segelnadeln mit so starkem Auge zu besitzen, daß sie den Druck des Segelhandschuhs aushalten. Die Segelnadel Nr. 14 wird am häufigsten gebraucht.

Bild 18. Das wichtigste Werkzeug. Von links: Spitzzange, Stahlpfriem, Holzpfriem, Sacknadel, Segelnadel mit Segelhandschuh und Wachs sowie einem scharfen Messer und dem dazugehörigen Wetzstein.

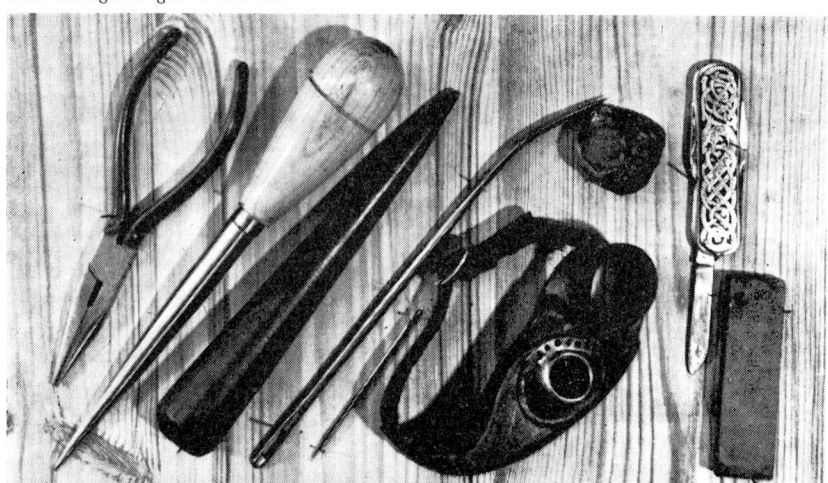

Bewicklung mit Tauwerk oder Kardeelen

Bild 19. Bewicklung mit einer einzelnen Part.

KLEEDEN
MIT EINER EINZELNEN PART

Die einfachste und naheliegendste Dekorationsform ist die Bewicklung mit einer einzelnen Tauwerkspart. Benutzt man eine einzelne Part, dann erhält man ein Muster aus fast querlaufenden Streifen. Eine solche Kleedung kann einem Gegenstand eine neue und interessante Oberflächenstruktur verleihen.

Gleichzeitig kann eine Bewicklung anderen Zwecken dienen: Erhöhung der Bruchfestigkeit, Verdecken von Schönheitsfehlern, teilweise Änderung der Form usw.

Eine Bewicklung mit Garn oder Leine ist nicht immer so einfach wie sie aussieht. Die Probleme sind am geringsten, wo es sich darum handelt, einen Gegenstand mit rundem oder ovalem Querschnitt und gleichbleibender Dicke über die ganze Länge zu bewickeln – z. B. einen Handgriff oder einen Schaft.

In diesem Falle besteht die einzige Schwierigkeit darin, daß man eine festliegende Bewicklung erhält. Beginn und Abschluß wird in diesen Fällen wie beim einfachen Takling durchgeführt, bei dem die Tampen unter den ersten bzw. letzten Rundtörns bekniffen werden.

Größere Probleme ergeben sich, wenn das Tauwerk fest auf einem Gegenstand mit konischer oder einer anderen von der zylindrischen abweichenden

Form sitzen soll. Wenn die Rundtörns stramm durchgeholt werden, zeigen sie oft die Tendenz, sich zum schmalsten Teil der bewickelten Form hin zu ziehen.

Zur Verdeutlichung (Bild 19) ist ein Sockel für eine kleine Leselampe gewählt, der eine kleine Verschönerung nötig hatte. Der Lampensockel ist konisch, der Fuß hat die Form einer abgeflachten Kugel.

Die Bewicklung beginnt am schmalsten Ende des Sockels, wo der Tampen des Garns (3 mm Hanfleine) unter den ersten vier Rundtörns bekniffen wird. Die Kardeele des Tampens sind aufgedreht, damit sie sich unter den Rundtörns nicht zu sehr abheben.

Mit dem Bekneifen kann man nicht ausreichend verhindern, daß sich die Bewicklung auf der glatten Unterlage dreht oder zum dünnsten Ende des Sockels hin rutscht. Daher bringt man

15

Bild 20. Glockenständer, mit einer einzelnen Part bewickelt und zusätzlich mit türkischem Bund und Flachknotenplatting verziert. Ausgeführt von Edvard Sabin.

Bild 21. Eine Bewicklung mit Kontrastwirkung durch „Trensen" (oben): in die Fugen (Keepen) ist dünneres Garn eingelegt. Eine weitere Methode: der Gebrauch von verschiedenfarbigem Garn (unten).

unter den obersten Rundtörns etwas schnelltrocknenden Leim auf. Da der Sockel aus Holz besteht, könnte man in diesem Falle zur Sicherung auch einige kleine Stifte benutzen.

Neue Probleme zeigen sich beim Fuß. Auf seiner Oberseite kann man ja eigentlich nicht von einer Bewicklung reden: Es ist eine Kleedung mit einer flachen Spirale. Hier bringt man jeweils alle 2–3 Rundtörns Leim auf. Die Törns legt man vorsichtig und hält sie in ihrer Lage, bis der Leim getrocknet ist; dann wird ein neuer Streifen Leim aufgebracht.

Den Abschluß kann man so ausführen, daß man die Kardeele des Tampens einmal einspleißt (verkehrter Augspleiß oder Kontraspleiß), bevor der letzte Rundtörn endgültig festgeleimt wird.

Eine Lackierung ergibt eine zusätzliche Sicherung.

Ergänzung der Bewicklung mit anderen Dekorationen

Bei Edvard Sabins Glockenständer im Bild 20 bemerkt man, daß die Bewicklung der senkrechten Teile wie das Mauerwerk eines Leuchtturms wirkt. Der türkische Bund läßt sich nicht nur wie hier als Ergänzung der Dekoration und Auflockerung verwenden. Er kann auch Spleiße, Knoten, Übergänge, Anfänge und Abschlüsse verdecken. Die Bodenscheibe ist mit einer Platting aus Flachknoten eingefaßt.

BEWICKLUNG MIT MEHREREN PARTEN

Je mehr Parten man für eine Bewicklung verwendet, desto schräggestellter erscheint die Spiralwindung im Muster.

So wie man die Kardeele ein Stück aufdrehen und dann wieder zusammendrehen kann (siehe Bild 16), kann man die Kardeele auch um einen dünnen

Bild 22. Mit mehreren Parten bewickelte Stehlampe.

Gegenstand schlagen oder drehen; der Gegenstand übt in diesem Falle die Funktion von Kalb oder Herz aus. Das Ergebnis kann wie dickes, steifes Tauwerk wirken.

Im Bild 22 ist der obere dünne Teil der Stehlampe in der eben beschriebenen Weise mit vier Kardeelen bewickelt, während der untere Teil in entgegengesetzter Richtung (kabelgeschla-gen) mit vier Längen von 10 mm dik-kem Tauwerk bewickelt ist.

B. Das erste Kardeel wird in einer Spiralwindung gelegt und durch ein Bändsel an jedem Ende festgehalten.

C. Alle 4 Kardeele sind gelegt und werden von festen Bändseln gehalten.

D. Die erste Länge Tauwerk ist um den unteren Teil gedreht – entgegen dem Schlag der Kardeele.

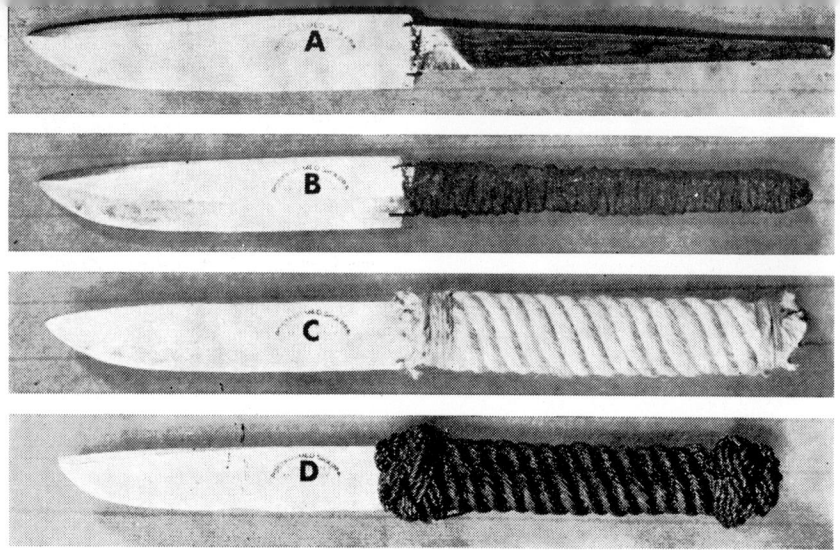

Bild 23. Mit mehreren Parten bewickelter Messerschaft.

E. Alle 4 Tauwerkslängen sind gelegt, der Sockel wirkt jetzt wie ein dickes Kabeltau. Die Tampen werden von Bändseln festgehalten, und diese sollen nun unter dem türkischen Bund versteckt werden. Auf dem Bild sieht man, wie ein kleiner türkischer Bund auf den oberen Teil des Ständers gelegt wird. Außerdem ist über das Bändsel auf dem unteren dicken Teil ein Wulst aus Garn gelegt. Dieser Wulst gibt dem türkischen Bund eine größere Wölbung.

F. Alle türkischen Bunde sind fertig, und der flache Sockel ist mit einer Tauspirale, die mit Leim aufgebracht ist, bedeckt. Der Tampen ist mit einem Kontraspleiß befestigt.

Bild 24. Kardeelstropp im Schothorn eines Schonersegels.

Das Vermeiden von rutschendem Tauwerk

Wird Tauwerk um einen Metallgegenstand oder anderes glattes Material gewickelt, das keine Wulste, Löcher oder andere Befestigungspunkte aufweist, kann es schwierig werden, das Tauwerk in seiner Lage zu fixieren. Bild 23 zeigt, wie diese Schwierigkeit überwunden werden kann.

A. Der Holzschaft des alten Dolches war zerstört.

B. Der glatte, konische Stahlschaft wird mit Segelgarn bewickelt und in Lack oder Leim getaucht. Nach dem Trocknen bewickelt man weiter, bis eine gleichmäßige Dicke erreicht ist.

C. Vier Längen Kardeele werden spiralig um die Bewicklung herum gelegt und von zwei Taklingen gehalten.

D. Die Taklinge bedeckt man jeweils mit einem türkischen Bund; der Schaft wird mit Lack behandelt.

N. B. Ein modernes und wirkungsvolles Hilfsmittel bei glatten Oberflächen ist eine Bewicklung mit Leinenstreifen, deren eine Seite mit Klebstoff behandelt ist; ebenso geeignet ist Isolierband.

Zusammen-
gedrehte Griffe
und Stropps

Das Schlagen von Kardeelen oder dünnen Leinen zu dickerem Tauwerk kann
für selbständige oder kombinierte Arbeiten angewendet werden. Als ein besonders charakteristisches Beispiel zeigt
Bild 24 den Grummetstropp, wie er
zum Befestigen von Kauschen benutzt
wurde.
Bild 26 A zeigt den gebrochenen Henkel eines Bastkorbes. Wir ersetzen ihn
durch einen Grummetstropp.

Bild 25. Weihnachtskörbe aus lackiertem türkischen Bund. Die Henkel bestehen aus zusammengedrehtem Garn (Kardeelstropps).

B. Ein Kardeel, dessen Länge das
ca. Fünffache des gewünschten Stropps
beträgt, wird fest zusammengedreht;
seine Tampen werden betakelt. Man
legt ein einfaches Auge durch jedes der

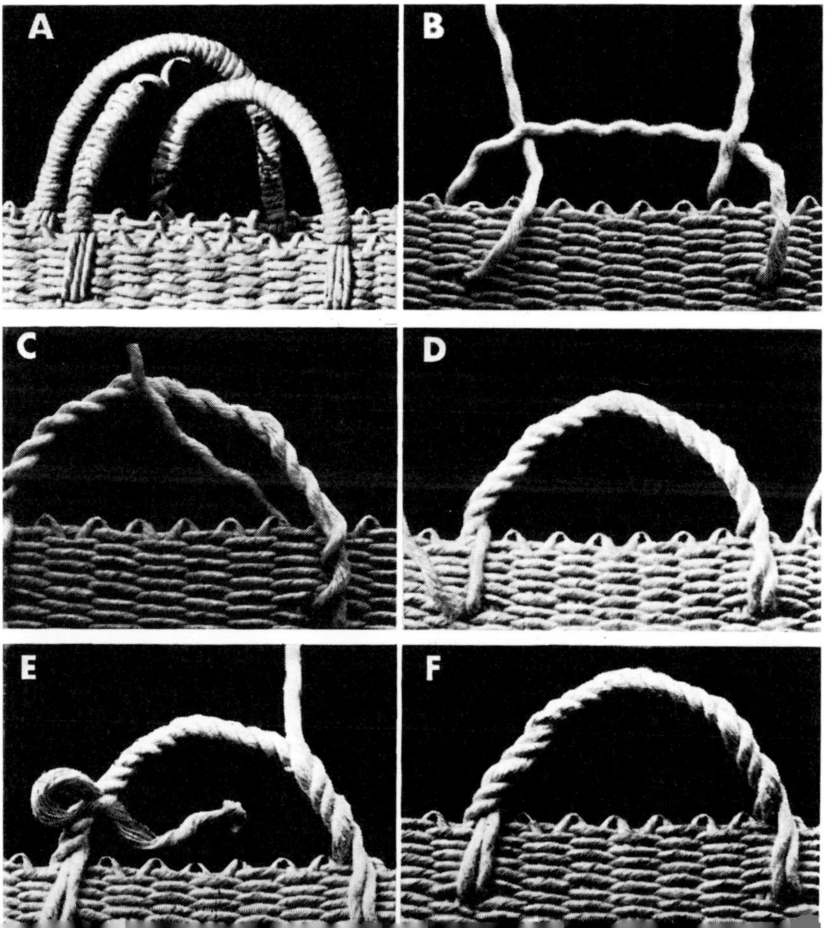

Bild 26. Korbgriffe, mit Kardeelstropps ausgebessert.

beiden Löcher im Korb (beide rechts geschlagen). Die Bucht muß etwas größer als der gewünschte Stropp sein, die Tampen gleich lang.

C. Der linke Tampen und die Bucht werden umeinandergedreht. Der Tampen befindet sich jetzt rechts von dem Loch.

D. Der rechte Tampen ist um die Bucht herumgedreht und befindet sich nun auf der linken Seite. Beide Tampen werden noch einmal durch die Löcher hindurch gesteckt.

E. Beide Tampen werden in Richtung der Kardeele verspleißt (zweimal unter und über).

F. Die Tampen werden gekappt. Die Spleißstelle kann eventuell durch einen türkischen Bund verdeckt oder der ganze Henkel kann mit einem Schweinsrücken gekleedet werden.

GRUMMETSTROPPS

Zur See sind Grummetstropps unter vielen Bezeichnungen wie z. B. Kardeelring, Kardeelstropp, Tauwerkskranz u. ä. bekannt. Man hat sie als Stropp um einen Block, als verstärkte Kanten um Gattchen, als Handgriff an Schiffskisten, als Gleitring unter dem Boden von Werkzeugsäcken, Seesäcken und Segeltuchpützen. Grummetstropps bieten viele Möglichkeiten für dekorative Tauwerksarbeit.

Die übliche Herstellungsweise (Bild 27)
Für den gewöhnlichen dreifach geschlagenen Grummetstropp wird ein Kardeel benutzt, dessen Länge mindestens das Dreifache des Stroppumfanges betragen muß, zuzüglich eines Zuschlages für das Zusammenziehen und Spleißen. Das bedeutet, daß man mindestens den dreieinhalbfachen Umfang für einen ganz kleinen Stropp und ca. den vier-

fachen Umfang für einen größeren Stropp nehmen muß.

Wenn das Tauwerk in die einzelnen Kardeele aufgedreht ist, muß man darauf achten, die ursprünglichen Spiralwindungen in den Kardeelen nicht zu zerstören. Unter Umständen werden die Tampen der Kardeele vorübergehend betakelt, damit sich das Garn nicht zu sehr aufdreht.

A. Man legt eine Bucht, deren Umfang ca. 10 % größer als der Umfang des gewünschten fertigen Stropps ist. Bei gewöhnlichem dreifachgeschlagenem Tauwerk (mit Z-geschlagenen Kardeelen) beginnt man wie im Bild: die linke Part wird zurück über die rechte Part gelegt. Darauf legt man a1 und a2 umeinander herum (sie werden zusammengedreht). Man soll also nicht nur einige Rundtörns mit den losen Parten legen. Die zwei Parten a1 und a2 sollen gleichmäßig stramm in ihren natürlichen Spiralwindungen liegen. Jedesmal, wenn man mit einer der Kardeelparten einen halben Törn legt, muß das Garn in den Kardeelen gestrafft werden, wobei man es gleichzeitig etwas in entgegengesetzter Richtung verdreht.

B. Hier ist der Tampen einmal herumgelegt, und die dritte Runde folgt. Man kann beide Tampen benutzen; das lose Kardeel wird mit gleichmäßigem Druck in die Spiralwindung gelegt, und gleichzeitig werden die Garne im Kardeel gestrafft und etwas in entgegengesetzter Richtung verdreht.

C. Der dreifach geschlagene Stropp ist fertig. Der linke Tampen muß über dem rechten Tampen liegen.

Bild 27. Herstellung eines Kardeelrings (Grummetstropp).

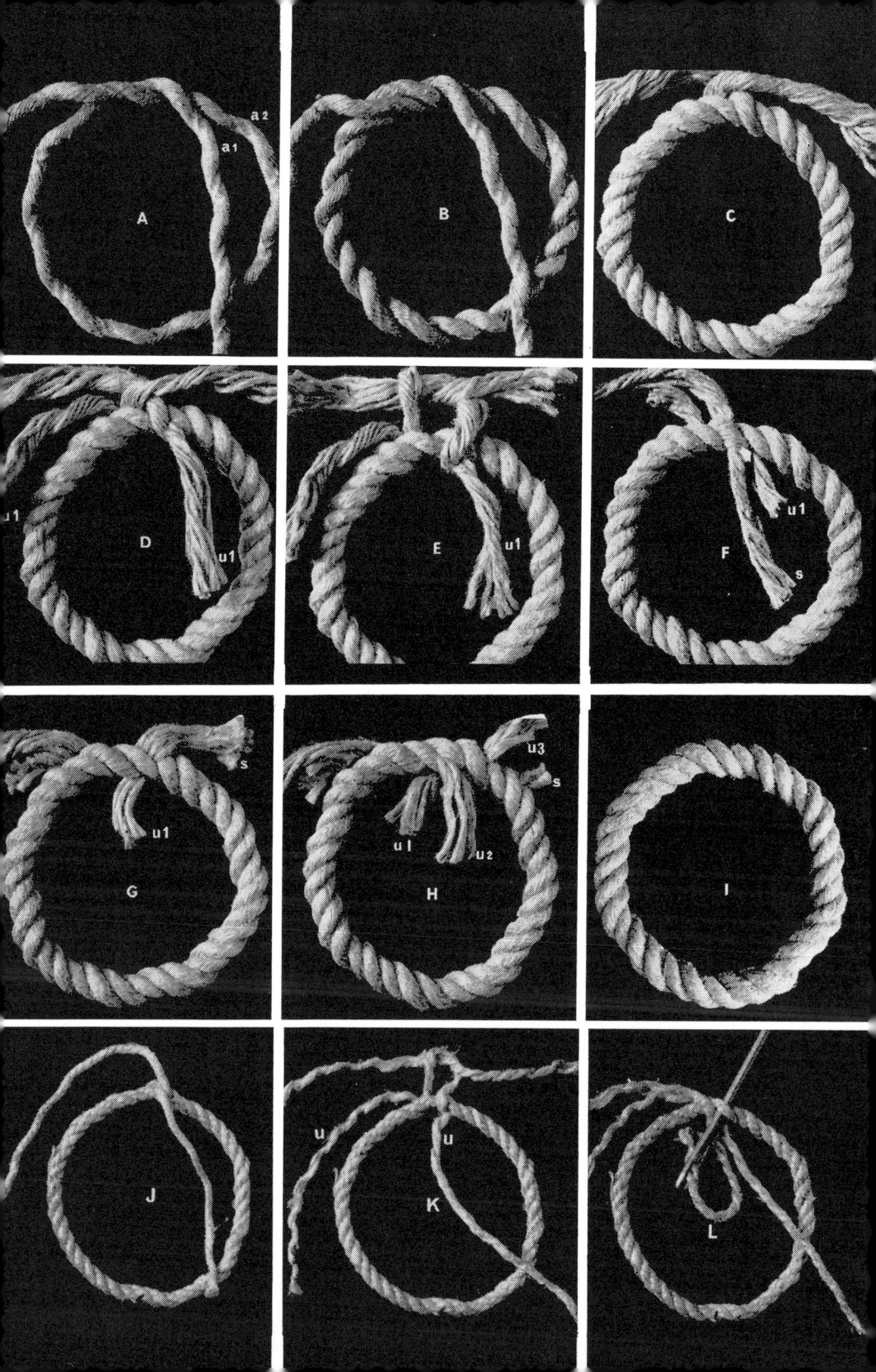

Bild 28. Der lange Kardeelring wird durch Zurren zwischen zwei festen Punkten ge-streckt. Man steckt den Pfriem (oder einen Stock) in einen der beiden Zurrings und dreht diesen auf (spanische Winde).

Bild 29. Der kurze Kardeelring wird ge-streckt, indem man ihn durch Schlagen auf einen konischen Gegenstand preßt, z. B. auf den Pfriem.

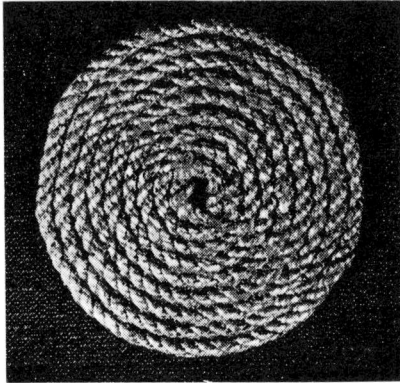

Bild 30. Untersätze aus konzentrischen Ringen.

Bild 31. Serviettenringe und Eierbecher aus Kardeelringen.

D. Wünscht man einen unsichtbaren Abschluß, müssen die Tampen vor dem Verknoten halbiert werden. Ungefähr die Hälfte des Garns (mit u1 bezeich-net) wird herausgenommen und zur Seite gelegt.

E. Mit den halbierten Tampen wird ein Überhandknoten ausgeführt, in-dem die linke Part über die rechte ge-führt wird. Gleichzeitig dreht man aus beiden Parten die Törns heraus.

F. Der Knoten wird festgezogen, die Garne in beiden halben Tampen fügen sich ganz natürlich zusammen. Dies ist nicht der Fall, wenn der Knoten mit der rechten Part über die linke ausge-führt wurde.

Jetzt wird der mit s bezeichnete Tam-pen nach rechts eingespleißt, und ge-nauso wird an der gegenüberliegenden Seite eingespleißt. Dadurch wird die Verjüngung ausgefüllt, die durch das Herausnehmen von u1 entstanden war.

G. Hier wird s einmal nach rechts ein-gespleißt. Die linke Part wird noch nicht eingespleißt.

H. Muß der Spleiß großer Kraftein-wirkung standhalten, werden jetzt ei-nige Einspleißungen mit s vorgenom-men; mit u1, u2 und u3 ist das heraus-genommene Garn beim Verjüngen von s bezeichnet.

Bild 32. Tabaksdose, mit Kardeelringen gekleedet.

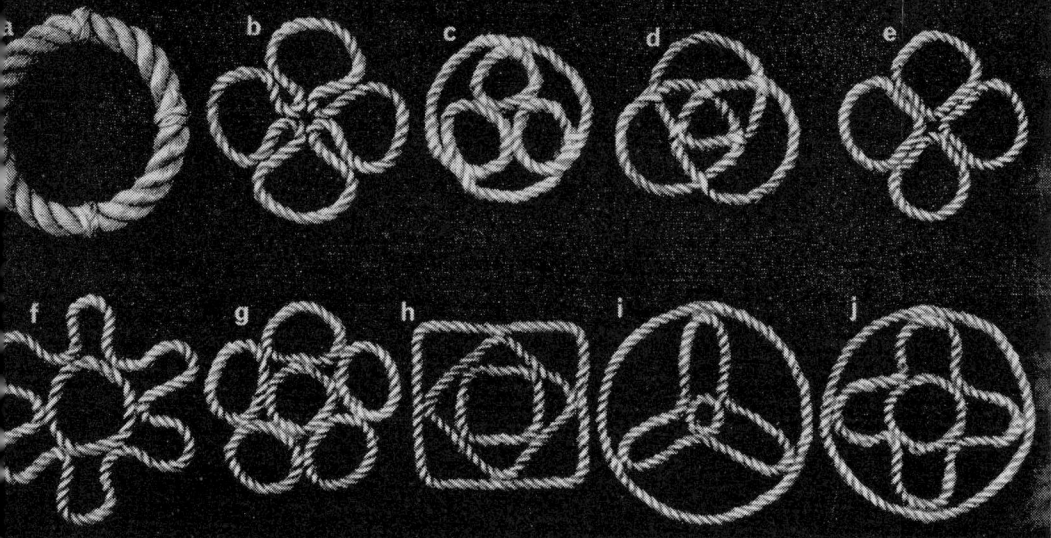

Bild 33. Untersätze aus Kardeelringen.

I. Bevor das lose Garn gekappt wird, muß der Stropp kräftig gestreckt werden, wie es in Bild 28 und 29 gezeigt wird. Etwaige Unregelmäßigkeiten im Schlag können teilweise durch Formen von Hand beseitigt werden, und beim darauffolgenden Strecken werden sie nahezu vollständig verschwinden.

J. Hier wird ein Tauwerksring gezeigt, der aus einem ganz dünnen, nur aus drei Garnen bestehenden Kardeel geschlagen ist; beim Verjüngen wird ein einzelnes Garn aus dem Kardeel herausgenommen, das von links kommt, sowie zwei Garne aus dem von rechts kommenden Kardeel.

K. Das übrige Garn wird verknotet, und man erkennt, daß jetzt 2 Garne eingespleißt werden müssen, wo 2 Garne herausgenommen wurden, und entsprechend ein Garn dort, wo nur ein Garn herausgenommen ist.

L. Beim Spleißen wird eine Sacknadel zur Hilfe genommen. Zuerst wird die Nadel eingestochen, dann das Kardeel eingefädelt und durchgezogen.

Anwendung des Grummetstropps

Bild 30 zeigt einen Untersatz aus 9 konzentrischen Ringen, die mit einer Segelnadel und Segelgarn unsichtbar zusammengeheftet sind.

Bild 31 verdeutlicht auch den Gebrauch von Segelgarn zum Zusammenheften von Stropps, die zu einem Eierbecher und Serviettenringen in 3 verschiedenen Dicken geformt sind.

In Bild 32 sieht man eine Tabaksdose; sie ist aus einem Marmeladenglas hergestellt, das mit 13 Tauwerksringen in 7 verschiedenen Dicken gekleedet ist. Der oberste und unterste Ring (die dünnsten) werden durch Garn an ihrem Platz gehalten; das Garn wird von den übrigen Ringen verdeckt. Der Deckel, ein flacher Korken, ist mit 7 Ringen wachsender Dicke bedeckt. Der mittlere Ring ist als Diamantknoten ausgebildet, der dünnste Ring liegt um den Korkenrand herum.

Bild 34. Einrahmung aus Kardeelringen.

Bild 35. Ringspiel aus Kardeelringen, von Jørgen Bloch ausgeführt (mustergeschützt).

Bild 33 zeigt verschiedene Untersätze, für Töpfe und Schüsseln geeignet. Ihre Durchmesser: zwischen 12 und 17 cm. a: Einzelner schwerer Tauwerksring, mit türkischen Bunden verziert. b: Einzelner Tauwerksring, aus einem 2¹/₂ m langen Kardeel hergestellt. Durch unsichtbares Zusammennähen mit Segelgarn wird er zu einem Kleeblatt geformt. c: Einzelner Grummetstropp mit Schleifen, beim Legen der Kardeele hergestellt. d: Drei einzelne Grummetstropps, die ineinander verspleißt sind. e: Zusammengenähte Ringe, zu einem Kleeblatt geformt. f: Ein kleiner Ring ist mit einem großen kombiniert.

g: Kombination von 6 gleich großen Ringen. h, i und j: Drei verschiedene Möglichkeiten mit drei ineinander angebrachten Ringen.

Bild 34 ist ein Beispiel für die Verwendung langer Tauwerksringe. Der dicke Ring liegt um den Rahmen herum, der dünnere Ring auf der Vorderkante des Rahmens. Beide sind mit Leim befestigt.

In Bild 36 wird gezeigt, wie Serviettenringe schnell und einfach aus Grummetstropps mit Zierknoten angefertigt werden. Am besten eignen sich Kardeele mit gleicher Anzahl von Garnen.

A. Ein Kardeel mit 6 Garnen wird zu einem Ring zusammengedreht.

B. Jeder Tampen wird in 2 mal 3 Garne aufgeteilt, und zwei der Parten werden verknotet. Man erhält somit 4 Parten zur Anfertigung des Zierknotens.

C. Der Zierknoten wird mit einer Krone begonnen.

a, b und c: Fertige Serviettenringe mit verdoppeltem Stopperknoten bzw. Sternenknoten und einem vollen Schauermannsknoten. Nach Fertigstellung werden die Arbeiten in Lack getaucht.

Bild 36. Kardeelringe (Grummetstropps) mit Zierknoten „gespleißt".

Bild 37. Flaschenhalter aus 3 Kardeel-ringen.

Bild 35. Steuermann Jørgen Blocks Ringspiel (gesetzlich geschützt) ist aus weißem Sisal angefertigt; es kann eingefärbt werden. Die Ringe tragen 5 verschiedene Farben. Der *Stab* mit dem Fuß ist eine vierfachgeschlagene Kardeelarbeit, um einen schweren, weichen Eisendraht herumgelegt. Am oberen Ende sitzt als Abschluß eine aufgeleimte Holzkugel, das Fußende schließt ein Stopperknoten ab.

Flaschenhalter (Bild 37)
Die im Bild gezeigten Flaschenhalter sind für eine Milchflasche oder die eisgekühlte Schnapsflasche gedacht; sie sind aus drei Grummetstropps (2 lange und 1 kurzer) zusammengenäht und durch Lackieren in ihrer Form gefestigt.
Einer der beiden langen Stropps ist in der Mitte zusammengenäht, so daß von

Bild 38. Glashalter aus einem langen Kardeelring.

den beiden Parten ein Griff gebildet wird. Das Auge in jedem Ende des Griffs bildet wiederum den oberen und unteren Rand des Halters. Der zweite lange Stropp wird im Zickzack zwischen diese 2 Ringe gelegt, die Spitzen werden an die Ringe genäht. Der kleine Ring füllt den Boden in Form eines dreizackigen Sterns, dessen Spitzen an den unteren Ring genäht werden (unteres Bild).

Bild 39. Einfacher Gürtel zum Binden.

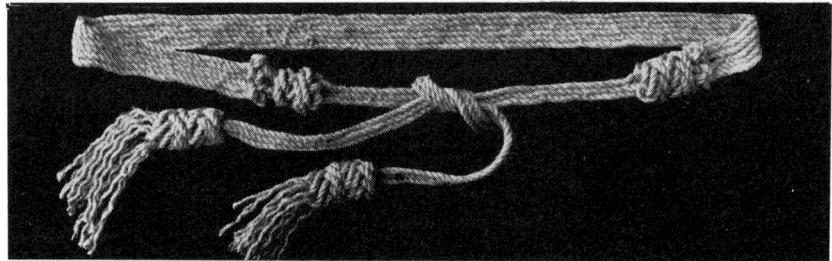

Bild 40. Zusammengenähter Gürtel zum Binden.

Glashalter (Bild 38)

Das eine Ende eines langen Grummetstropps wird dem Umfang des Glases angepaßt und zusammengenäht. Mit demselben Garn näht man die beiden Parten ein Stück zu einem Griff zusammen. Dieser wird mit einigen Stichen innen am ersten Ring befestigt. Mit dem Rest des Grummetstropps formt man einen Boden mit 3 Zipfeln, deren Spitzen an der Kante des Glashalters

Bild 41. So kann man einen Tauwerksgürtel mit Auge anfangen (z. B. den Gürtel in Bild 42). A: Man beginnt wie beim Augspleiß (Bild 10). Falls notwendig, werden weitere Kardeele eingespleißt. B und C: Mit den Kardeelen führt man einen Zierknoten aus.

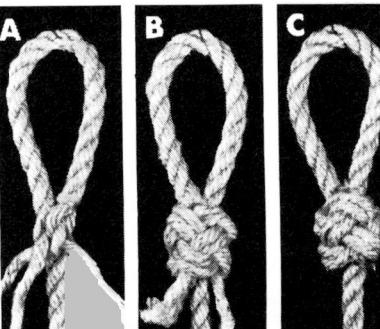

festgenäht werden. Die Parten eines jeden Zipfels werden jeweils mit einigen Stichen verbunden. Eine Lakkierung ergibt die nötige Steifigkeit.

TAUWERKSGÜRTEL

Der einfache Gürtel besteht aus einem Ende Tauwerk, das man um den Leib bindet. Eine etwas elegantere Ausführung zeigt z. B. das Bild 39. Beide Tampen tragen Zierknoten (Fischgrätknoten und Linsenknoten, dessen Tampen in Fransen ausläuft).

In Bild 40 wird ein Gürtel zum Binden gezeigt, der aus 3 bzw. 5 zusammengenähten Enden Leine hergestellt ist, kombiniert mit Zierknoten (Zylinderknoten und Linsenknoten). Weitere Kardeele sind an die fünffachgeschlagenen Knoten an den Enden genäht.

Verstellbare Gürtel

Mit einem Auge an einem Tampen und einer Anzahl Stopperknoten am an-

Bild 42. Zusammengenähter einstellbarer Gürtel.

Bild 43. Einfacher einstellbarer Gürtel.

Bild 44. Plattinggürtel mit Auge an jedem Ende.

deren Tampen hat man einen verstell-
baren Gürtel. Bild 42 zeigt einen sol-
chen Gürtel aus 3 Längen von 8 mm
Hanfleine, die Seite an Seite liegend
zusammengenäht sind. Zwei Längen
bestehen aus einem Stück und sind an
einem Tampen doppelt zu einer Bucht
gelegt. Die mittlere Länge ist durchgehend, ihre Kardeele werden nicht
zur Herstellung der Knoten verwendet. Der Knoten an der Bucht ist ein
Diamantknoten, die übrigen sind Porteurknoten.
In Bild 43 ist ein einfacher Tauwerksgürtel mit Tonnenknoten dargestellt.

Für die Knoten im Tampen und den
Knoten am Auge dienen die 3 Kardeele
des Tauwerks sowie zusätzlich 3 durchgenähte Kardeele. Die übrigen Knoten
sind aus losen Kardeelen aufgebaut,
die in die Keepen eingeflochten werden.
In Bild 44 sieht man eine Variante des
oben beschriebenen Prinzips. Der Gürtel besteht jedoch aus einer halbrunden
Platting. Hier ist der Gürtel mit einem
Auge und einer Reihe Stopperknoten
(2 Tonnenknoten) an jedem Ende versehen. Dies ergibt die Möglichkeit, ein
Werkzeug im *freien* Auge zu befestigen.

Bild 45. Doppelter Gürtel mit Linsenknoten und Fischgrätknoten.

Zierknoten

Knoten haben verschiedene Funktionen; die drei wichtigsten sind: in Form eines Wulstes auf einem Tau oder einer Platting einen *Stop* zu bilden; einen Takling oder einen ähnlichen *Schönheitsfehler* in einer Arbeit zu verbergen; als dekorative Komponente, z. B. als Beginn oder Abschluß einer Arbeit. Der einfachste und am häufigsten gebrauchte Stopperknoten ist der halbe Schlag. Es gibt ihn in einer ganzen Reihe verschiedener Eignungen; er ist allerdings nicht sonderlich dekorativ.

Kardeelknoten

Für schmückende Arbeiten werden solche Knoten bevorzugt, die mit mehreren Parten ausgeführt werden. Am häufigsten benutzt man 3 oder 4 Parten, da das gebräuchliche Tauwerk üblicherweise 3- oder 4-kardeelig ist. Die meisten Kardeelknoten können jedoch mit einer weitaus größeren Anzahl Parten ausgeführt werden, z. B. in Verbindung mit Plattings. In der Praxis geht man allerdings selten über 12 Parten hinaus.

Die Komponenten des Kardeelknotens

A. Die Krone, früher selten als selbständige Komponente verwendet, jedoch bei zahlreichen Knoten angewendet. Eine ihrer wichtigsten Funktionen ist, die Richtung der Parten in einem Knoten umzukehren.

B. Die Platte, auch Unterhandknoten (das Gegenteil der Krone) genannt. Sie ist Bestandteil vieler Knoten und kann außerdem als selbständiger Knoten verwendet werden.

C. Der Überhandknoten, vorzugsweise beim vollen Schauermannsknoten und dessen Varianten angewendet.

D. Die Flechtung; sie ist Grundlage der meisten Zierknoten.

E. Der einfache halbe Schlag, der hauptsächlich im Sternenknoten vorkommt.

N. B. Darüber hinaus muß man das Aufsetzen eines Dauertaklings und eines Behelfstaklings beherrschen. Als Behelfstakling empfiehlt sich der Würgestek (Webeleinstek mit Schloß).

Beginn eines Kardeelknotens (Bild 46)

Man setzt oder näht einen Takling 2$^{1}/_{2}$ bis 3 Törns vom Tampen entfernt und dreht die Kardeele auf. Es lohnt sich in den meisten Fällen, auf die Kardeeltampen einen kleinen Behelfstakling zu setzen. Bei schwierigen Knoten ist es ratsam, die Kardeeltampen auf 2–3 cm Länge mit einem festen Takling zu versehen. Wenn man zusätzlich die Kardeele vor dem Takling durch Schaben mit einem Messer etwas zuspitzt, wird es wesentlich leichter sein, die Parten durch den Knoten zu führen.

Sollen komplizierte Knoten aus ganz dünnem Garn hergestellt werden, ist es empfehlenswert, anstelle eines Taklings die Tampen mit schnelltrocknendem Lack oder Leim zu behandeln.

Wie man einen gleichmäßigen und festen Knoten erhält

Bei großen komplizierten Knoten sowie doppelten oder dreifachen Knoten müssen ausreichend lange Parten genommen werden.

Der Knoten wird zuerst verhältnismäßig locker aufgebaut; man muß jedoch gleichzeitig darauf achten – wenn die Parten Kardeele sind –, daß sich diese nicht aufdrehen und so lose werden.

Erst wenn alle einzelnen Arbeitsgänge durchgeführt sind, beginnt man, den Knoten mit Hilfe einer Spitzzange steifzuholen. Man holt dabei die Kardeele in der Reihenfolge ihrer Verarbeitung stufenweise steif.

Wenn man dagegen nur ein einzelnes Kardeel in jeder Verarbeitungsstufe steifholt, erhält man mit Sicherheit einen schiefen Knoten.

Knoten auf dem Tampen oder dem Ende

Die meisten Knoten können auf dem Tampen einer Arbeit oder auch an irgendeiner anderen Stelle auf dem Ende benutzt werden.

Mitten auf einer Trosse sind solche Knoten am besten geeignet, wo die Kardeele mitten an der oberen Seite des Knotens herauskommen. Ist dies

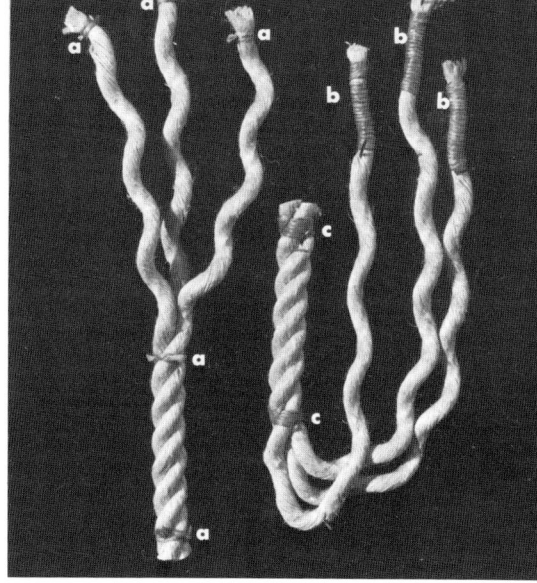

Bild 46. Zur Vorbereitung von Kardeelknoten gehört der Takling. Als Behelfstakling wird der Würgestek (a) oder ein langer einfacher Takling (b) benutzt. Als Dauertakling sollte der genähte Takling (c) vorgezogen werden.

Bild 47. Zierknoten als dekorativer Abschluß einer Platting.

29

nicht der Fall, werden die Parten mit einem genähten Takling so dicht wie möglich über dem Knoten zusammengefaßt.

Soll der Knoten als gewöhnlicher Stopperknoten auf dem Tampen sitzen, werden die Tampen mit einem genähten Takling versehen, bevor sie gekappt werden (Bild 54 D und 55 D). Bei mehr dekorativen Knoten am Anfang oder Abschluß einer Tauwerksarbeit versieht man die Knoten mit einer Krone. Hierdurch kann man die Parten zurück durch den Knoten stecken, so daß sie bekniffen werden und gekappt werden können.

Eventuell kann man die Tampen an der Unterseite des Knotens zusätzlich gegen ein Herausziehen sichern. Es gibt 4 Methoden:

Ein kurzer Takling, der die Tampen fest um das Ende legt (Bild 57 H). Das Verjüngen der Tampen, die dann mit einem langen Bändsel um das Ende herum gezurrt werden (Bild 57 I und J). Das Einspleißen der Tampen (Spanischer Takling, Bild 49). Ein Tropfen Leim.

Rechts oder links herum

Beim Kardeelknoten auf Tauwerk werden die Buchten als Hauptregel in Richtung der Kardeele gelegt. Da das meiste Tauwerk trossengeschlagen ist, heißt das, man arbeitet häufig *im Uhrzeigersinn* (rechts herum). Bei Zierknoten auf Plattings kann man in beiden Richtungen arbeiten.

Allgemeines über Verdopplungen

Die meisten Kardeelknoten können verdoppelt oder (seltener) verdreifacht werden, nachdem die Parten das erste Mal gelegt sind. Die Verdopplung geschieht dadurch, daß man jedes Kardeel noch einmal den Kreislauf parallel zu einer der vorher gelegten Parten (der führenden Part) durchlaufen läßt.

Es kann sich ein unterschiedliches Aussehen des fertigen Knotens ergeben – je nachdem, ob die Verdopplung über oder unter die führende Part gelegt wird; meistens legt man sie unter die führende Part.

Soll ein komplizierter Knoten verdoppelt werden, muß die erste Runde verhältnismäßig locker gelegt werden, damit Platz für das darauffolgende Durchstecken bleibt.

DIE KRONE (Bild 48)

A. Mit Part a wird eine Bucht gelegt, und der Tampen wird nach rechts zwischen Part b und c gelegt.

B. Mit Part b wird eine Bucht über a gelegt, der Tampen wird nach rechts über Part c gelegt.

C. Mit Part c legt man eine Bucht über Part b; der Tampen von c wird durch die Bucht von a geführt.

D. Die rechtsgeschlagene Krone, von oben gesehen. Die 3 Kardeele sind dichter geholt, und man erkennt, daß jeder Tampen in seiner Öffnung unter der Bucht derjenigen Part herauskommt, die am dichtesten rechts von ihm liegt.

E. Die linksgeschlagene Krone (siehe auch Bild 49 D).

F. Wird eine Krone aus mehr als 3 Parten gebildet, kann man jede Part über eine, zwei oder mehrere benachbarte Parten legen. Hier ist mit 4 Parten eine gewöhnliche rechtsgeschlagene Krone gebildet.

G. Der Anfang einer linksgeschlagenen Krone mit 4 Parten, von denen jede Part über zwei Parten nach links gelegt ist.

H. Linksgeschlagene Krone (über 2 Parten).

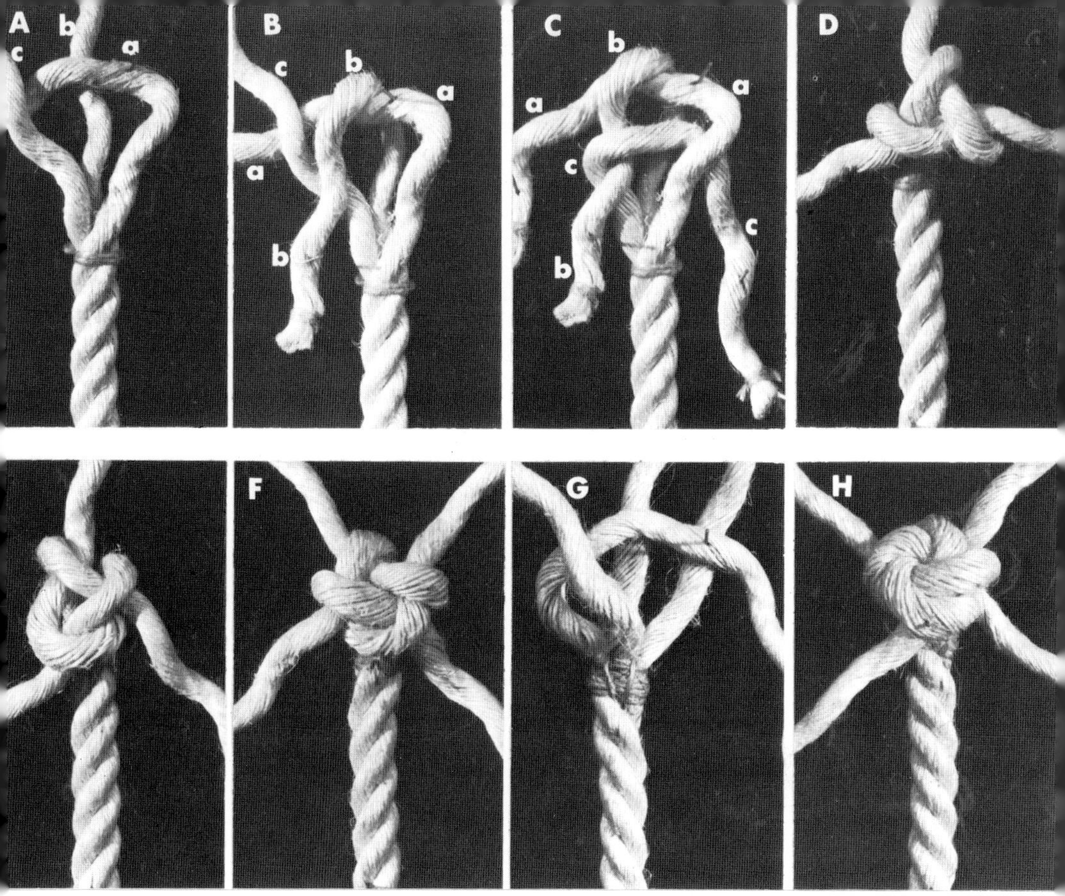

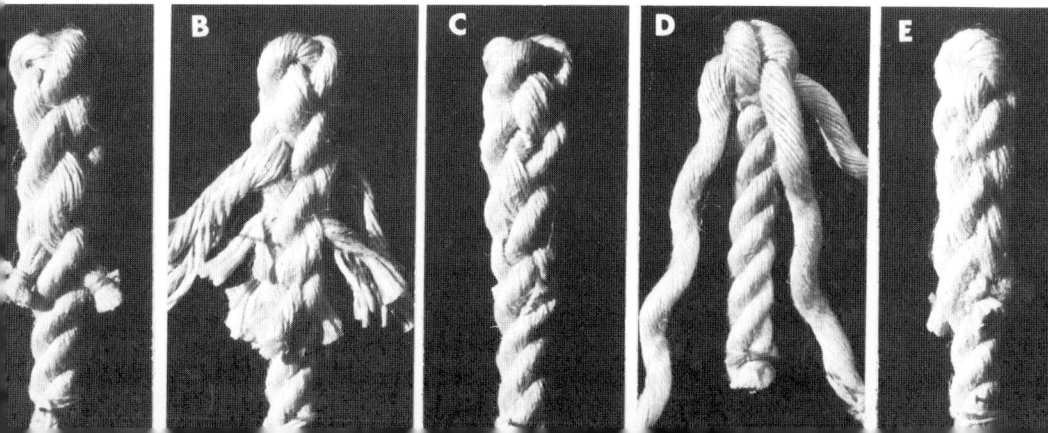

Bild 48. Entwicklung der einfachen Krone und ihrer Varianten.

Kronenspleiß oder spanischer Takling (Bild 49)

Die Krone allein bekneift sich nicht ausreichend, um einen selbständigen Abschluß auf einer Tauwerksarbeit darzustellen. Daher wird sie häufig in Kombination mit Rückspleißen der Kardeele angewendet. Dies wird als spanischer Takling bezeichnet. Den Anfang nennt man dann *Hahnenpfote*.

A. Hier wird eine gewöhnliche rechts-geschlagene Krone gelegt. Darauf werden die Parten mit vollem Kardeel zweimal zurück eingespleißt.

B. Derselbe spanische Takling, dreimal eingespleißt mit Verjüngung der Kar-

Bild 49. Kronenspleiß oder spanischer Takling.

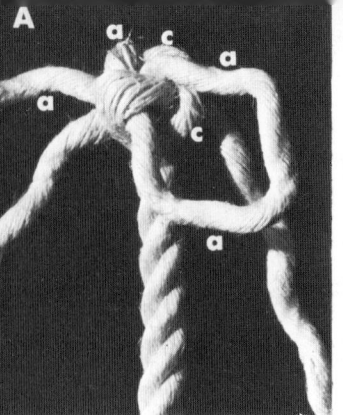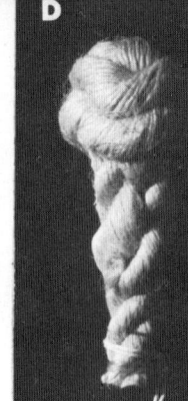

Bild 50. Kronenknoten mit Verdopplung.

deele nach jedem Durchstecken.

C. Wie B, mit gekappten Tampen.

D. Linksgeschlagene Krone als Anfang für den spanischen Takling. Man beachte, daß sie weniger füllig ist als die rechtsgeschlagene Krone.

E. Spanischer Takling, begonnen mit der linksgeschlagenen Krone (daher die schlankere Spitze) und dreimaligem vollem Einspleißen.

Kronenknoten

Ein Kardeelknoten, bei dem die Krone die einzige Komponente ist; er wird selten als eigentlicher Stopperknoten verwendet, da er sich schwierig steif holen läßt. Für dekorative Zwecke gibt es eine große Zahl von Varianten, von denen einige hier gezeigt werden sollen.

Krone mit Verdopplung (Bild 50)

Die einfache Krone kann man durch eine gewöhnliche Verdopplung in Breite und Höhe fülliger machen.

A. Die gewöhnliche Krone wird mit drei Parten gelegt und nur leicht festgezogen. Part a wird parallel mit dem nächsten Kardeel (c) durchgesteckt.

B. Dreifachgeschlagener Kronenknoten mit Verdopplung und gekappten Tampen.

C. Dreifachgeschlagener Kronenknoten mit Verdopplung; die Tampen sind wie beim spanischen Takling eingespleißt.

D. Dreifachgeschlagener Kronenknoten, bestehend aus 2 gewöhnlichen Kronen (untereinander), einer doppelten Krone und einem spanischen Takling als Abschluß.

Krone mit Rundtörn (Bild 51)

Ein weiterer der einfachen Kronenknoten beruht auf der Krone mit Rundtörn. Dieser Knoten wird etwas breiter und flacher als die doppelte Krone.

A. Anfang der Krone mit Rundtörn. Eine gewöhnliche rechtsgeschlagene

Bild 51. Kronenknoten mit Rundtörn.

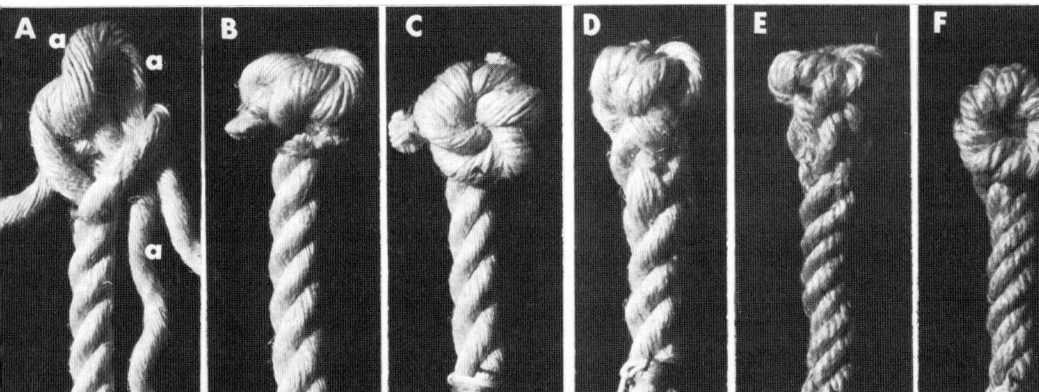

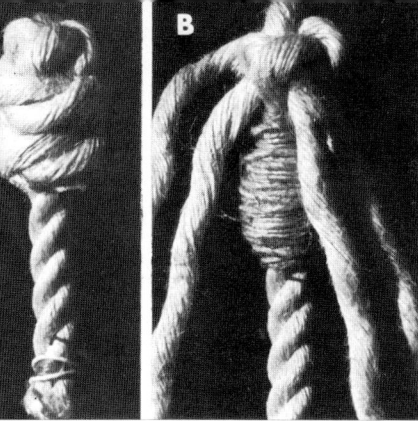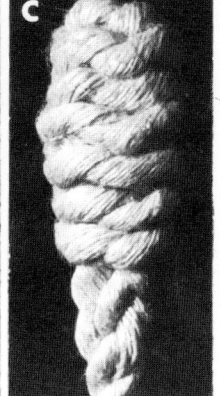

Bild 52. Zusammengesetzter Kronenknoten.

Krone mit 3 Parten wird locker zusammengezogen. Kardeel a wird nach oben über das Kardeel geführt, das gerade unterfahren wurde, und dann senkrecht nach unten am Ende entlang gedrückt. Genauso verfährt man mit den übrigen Kardeelen, wobei man darauf achten muß, daß das letzte Kardeel unter 2 Parten geführt werden muß.

B. Gewöhnlicher Kronenknoten mit Rundtörn. Die Tampen sind knapp gekappt.

C. Dasselbe wie B, von oben gesehen.

D. Dreifachgeschlagene Krone mit Rundtörn und eingespleißten Tampen (spanischer Takling).

E und F. Fünffachgeschlagene Krone mit Rundtörn und spanischem Takling.

Kombinierte Kronenknoten (Bild 52)

A. Vierfachgeschlagene Krone über 2 Parten (siehe Bild 48 G), 3 mal untereinander wiederholt.

B und C. Vierfachgeschlagene gewöhnliche Krone, 7 mal untereinander wiederholt mit einem verjüngten spanischen Takling als Abschluß. Die Ananasform erreicht man durch einen Garnwulst, den man um das Ende unter der mittleren Krone legt.

D. Mit 4 Parten wird zuerst eine Krone ausgeführt, der 2. Schritt ist wieder eine gewöhnliche Krone, der 3. Schritt eine doppelte Krone, als

4. Schritt folgt eine gewöhnliche Krone; den Schluß bildet ein spanischer Takling.

E. Dasselbe wie D, von oben gesehen.

STOPPERKNOTEN

Einer der einfachsten Kardeelknoten wird wie eine *Platte* oder Unterhandkrone (verkehrte Krone) gemacht. Er ist am bekanntesten unter dem Namen

Einfacher Stopperknoten (Unterhandknoten) (Bild 53)

A. Mit der Part a wird eine Bucht gelegt; der Tampen wird nach rechts außen herum (oder unter) die Part b und nach oben zwischen Part b und c hindurch gelegt.

B. Mit Part b wird eine Bucht gelegt. Der Tampen wird außen um Part a und c herum geführt und dann nach oben zwischen Part c und a geführt.

C. Der Tampen von Part c wird außen um Part a herum und nach oben in die Bucht geführt, die von Part a gebildet wird.

D. Die Parten werden steif geholt und kommen jeweils in ihrer Fuge oben auf dem Knoten heraus. Hier ist der Knoten von oben gezeigt.

E. Die gleiche Situation wie bei D – von der Seite gesehen.

F. Soll dieser Stopperknoten den Abschluß auf einem Ende bilden, werden die Kardeele mit einem genähten Takling versehen und gekappt.

G. Die Kardeele können wieder zusammengedreht werden, so daß der Knoten weiter innen auf dem Ende sitzt.

H. In gleicher Weise kann man einen Stopperknoten auch auf anderen Arten von Tauwerksarbeiten mehr innen auf einem Ende anbringen; hier auf einer einfachen Platting.

I. Man kann mehrere Unterhandknoten untereinander legen. Hier im Bild erkennt man zwei; die Tampen sind gekappt und betakelt. Ein weitaus besserer Abschluß jedoch wird in folgendem Bild gezeigt.

J. Hier liegen 6 Unterhandknoten hintereinander; die Tampen sind betakelt. Man kann die Tampen auch einspleißen wie beim spanischen Takling.

Doppelter Stopperknoten (Bild 54)

A. Die Verdopplung des einfachen Stopperknotens beginnt. Ausgangspunkt: wie im Bild 53 D gezeigt. Kardeel a wird parallel (und unter) der am nächsten rechts liegenden Part durchgesteckt. Mit dem Pricker wird eine Öffnung geschaffen.

B. Kardeel a wird gerade zur Verdopplung durchgesteckt.

C. Die Verdopplung ist mit allen Kardeelen durchgeführt.

D und E. Der doppelte Stopperknoten mit gekappten Tampen und genähten Taklingen von der Seite bzw. von oben gesehen.

Einfacher Stopperknoten mit Rundtörn (Bild 55)

Ein besonders flacher Knoten mit verhältnismäßig großem Durchmesser. Er läßt sich schnell herstellen, verlangt allerdings Sorgfalt, wenn die Parten steif geholt werden. Ausgangspunkt ist die Unterhandkrone, bevor die Parten steif geholt werden (siehe Bild 53 C).

Bild 53. Einfacher Stopperknoten.

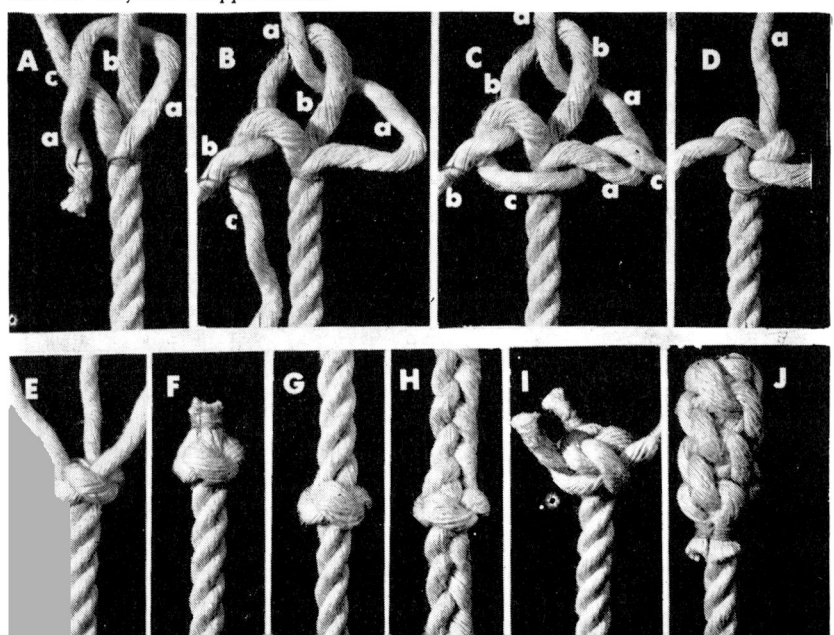

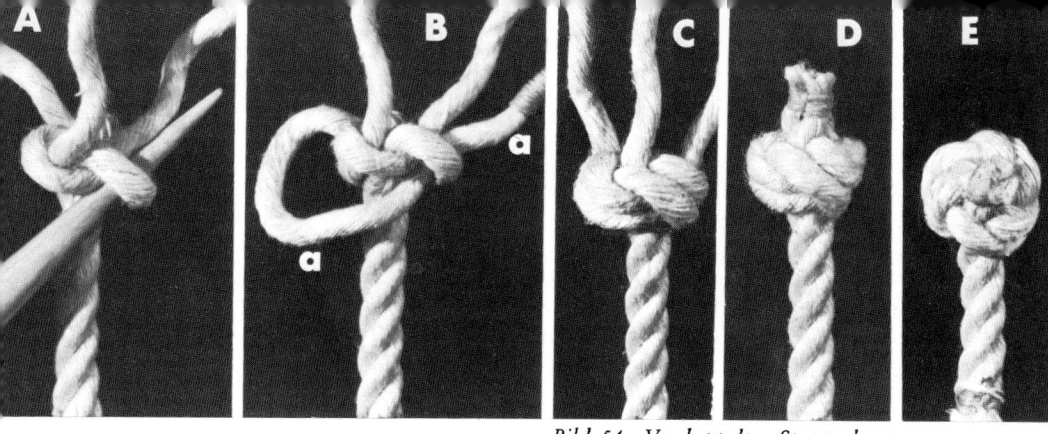

Bild 54. Verdoppelter Stopperknoten.

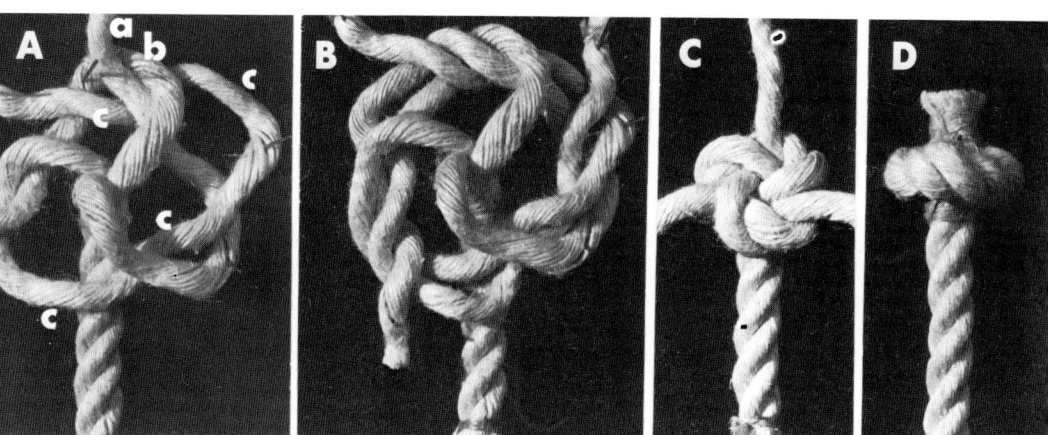

Bild 55. Stopperknoten mit Rundtörn.

A. Man steckt eine einfache Unterhandkrone, der Tampen der Part c wird darauf weiter nach rechts um b und a herum geführt und nach oben durch die von b gebildete Bucht gesteckt – gerade vor ihrem Ausgangspunkt.

B. Die übrigen Parten werden in gleicher Weise geführt: von unten nach oben durch die Bucht nach rechts.

C. Der zusammengezogene Knoten – von oben gesehen.

D. Stopperknoten mit Rundtörn, von der Seite gesehen. Die Tampen sind mit einem Takling zusammengefaßt und kurz gekappt.

Einfacher Stopperknoten mit Krone (Bild 57)

Soll der einfache Stopperknoten als ein mehr dekorativer Abschluß dienen, wird er mit einer Krone versehen. Da eine einfache Krone sich nicht sonderlich gut bekneift, sollte man sie normalerweise abschließen, indem man die Tampen nach unten durch die Krone führt.

A. Nach dem Abschluß mit einer Unterhandkrone (siehe Bild 53 E) steckt man eine Krone darüber (Bild 48 C).

B. Die Krone ist festgezogen.

C. Jetzt können die Tampen ganz kurz gekappt werden – sie werden

D. Aus diesem Grunde werden die Tampen der Krone nach unten durch den Knoten geführt. Mit dem Pricker wird eine Öffnung gebildet; ein Kardeel (a) wird gerade nach unten durchgesteckt.

E. Alle 3 Kardeele sind nach unten durch den Knoten geführt.

F und G. Die Krone ist festgezogen, die Tampen sind gekappt. Der Knoten wird von oben bzw. von der Seite gezeigt.

H. Als zusätzliche Sicherheit gegen ein Ausslippen der Tampen kann man diese mit einem genähten Takling am Ende befestigen.

I und J. Eine mehr dekorative Befestigung erzielt man durch eine lange Kleedung, unter der die Tampen verborgen werden. Vorher werden die Tampen durch Schaben mit einem scharfen Messer angespitzt. Eine dritte

Bild 56. Dreifacher Stopperknoten auf der Fangleine einer Finnjolle.

allerdings dazu neigen, wieder auszuslippen.

Bild 57. Einfacher Stopperknoten mit Krone.

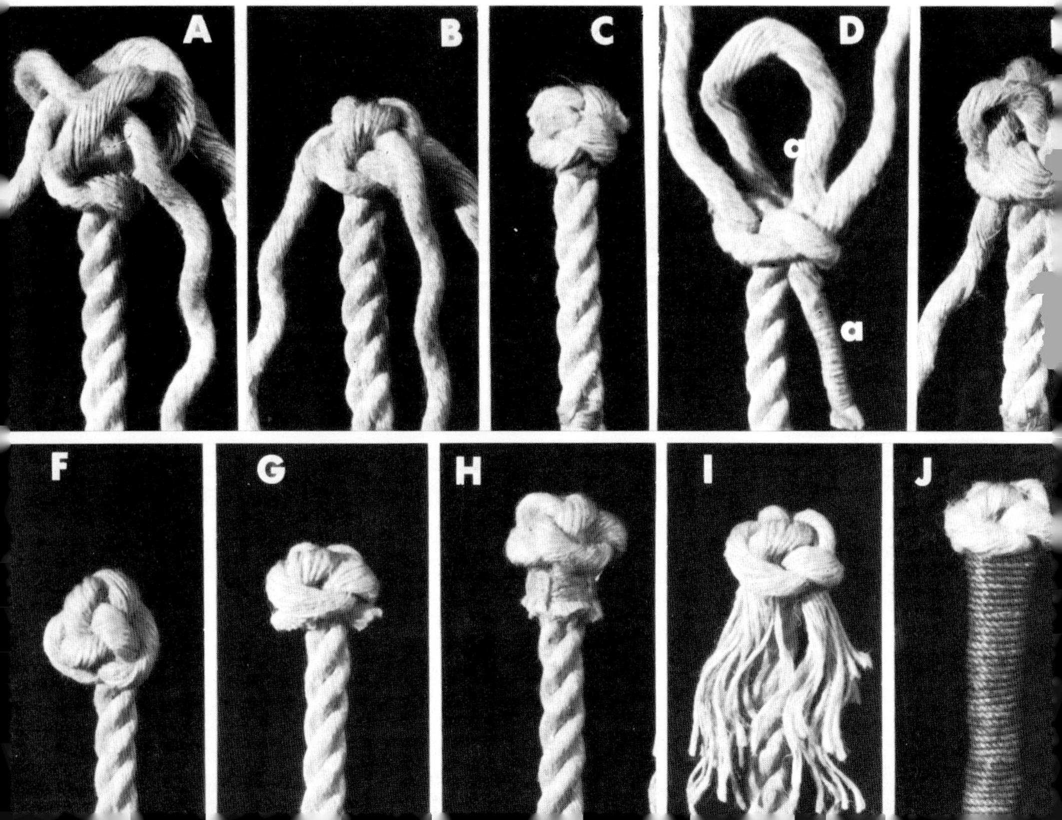

Alternative besteht im Einspleißen der Tampen.

Verdopplung des einfachen Stopperknotens mit Krone (Bild 59)

Wenn der einfache Stopperknoten mit Krone steif geholt ist (Bild 57 F), hat man zwar einen schönen, kompakten Knoten; für manche Zwecke allerdings ist er noch zu klein. Diesem Mangel kann man durch Verdopplung abhelfen.

A. Der Stopperknoten mit Krone und nach unten geführten Parten.

B. Part a wird nach rechts innerhalb der Nachbarpart durchgesteckt und parallel mit dieser nach oben durch den Knoten geführt.

C und D. Alle Parten werden genauso durchgesteckt. Darauf werden sie parallel mit ihrer jeweiligen benachbarten Part in der Krone und erneut nach unten am Ende entlang geführt. Dann werden sie gekappt.

Fallreepsknoten (Bild 60)

Diese Abwandlung des doppelten Stopperknotens mit Krone findet man bei weitem häufiger. Sie ergibt einen schöneren Knoten, vor allem bei Verdreifachung.

Bei der Verdopplung geht man von dem Stadium aus, wo die Krone über den Unterhandknoten gesteckt ist. Die Tampen werden nicht nach unten durch den Knoten geführt (siehe Bild 57 A und B).

A und B. Der einfache Stopperknoten mit Krone; die Verdopplung soll beginnen. Die Kardeele müssen nun par-

Bild 58. Fallreepsknoten – wo er eigentlich hingehört.

allel und unterhalb ihrer jeweiligen führenden Part verlaufen; die führende Part liegt rechts neben jedem Kardeel. Mit dem Pricker ist die erste Öffnung für das Kardeel a gebildet.

C. Die Verdopplung hat begonnen. Das Kardeel a ist durchgesteckt.

D. Alle drei Kardeele sind durchgesteckt, und die Unterkrone (Platte) ist verdoppelt.

E. Mit dem Pricker wird wieder eine Öffnung für das Kardeel a zur Verdopplung der Krone gebildet. Man beachte, daß man bei dieser Stufe der Verdopplung die Kardeele nach unten durch den Knoten entlang dem Ende führt.

F. Kardeel a wird durchgesteckt.

Bild 59. Verdopplung des Stopperknotens mit Krone.

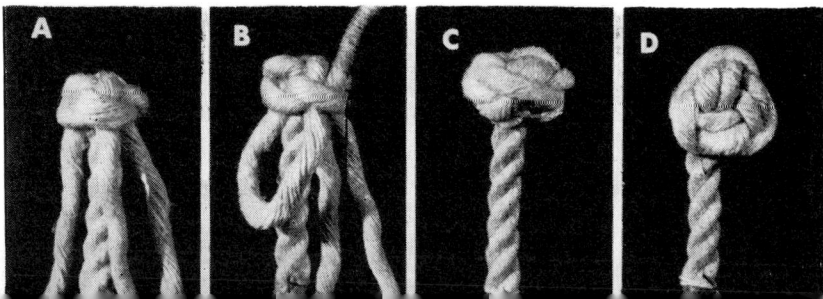

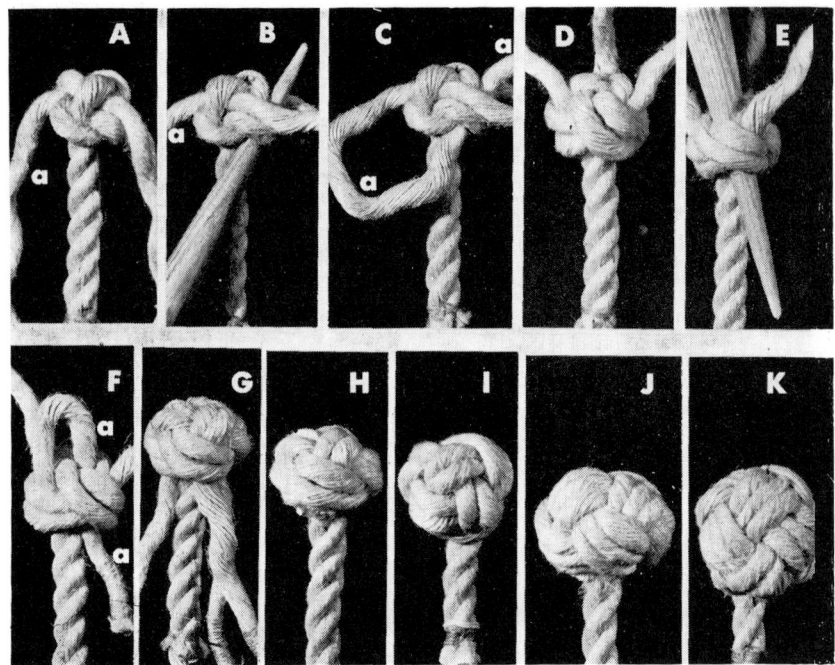

Bild 60. Ausführung des Fallreepsknotens.

G. Die Verdopplung mit allen drei Parten ist fertig.

H und I. Der Fallreepsknoten auf dreifachgeschlagenem Tauwerk, von der Seite und von oben gesehen.

J und K. Dreifacher Fallreepsknoten auf vierfachgeschlagenem Tauwerk, von der Seite und von oben gesehen. Bei der Verdreifachung des Knotens sei daran erinnert, daß die Parten im Stadium Bild F nicht nach unten entlang dem Ende geführt werden dürfen, sondern den Parten der ursprünglichen Krone folgen und an der Seite des Knotens herauskommen müssen. Erst bei der letzten Verdopplung der Krone werden die Parten nach unten geführt.

SCHAUERMANNSKNOTEN

Der Schauermannsknoten ist eine verbesserte Abwandlung der Unterhand-krone. Während die Kardeele bei der einfachen Unterhandkrone jeweils unter einem einzelnen Kardeel hindurchgeführt werden, müssen sie beim Schauermannsknoten mindestens unter zwei Nachbarkardeelen hindurchgeführt werden. Aus diesem Grunde ergibt sich ein soliderer Knoten. Mit drei Kardeelen kann man unter zwei Parten, mit vier Kardeelen unter zwei oder drei Parten, mit fünf Kardeelen unter zwei, drei oder vier Parten hindurchführen usw. Hier wird zuerst der einfache Schauermannsknoten mit drei Parten gezeigt.

Einfacher Schauermannsknoten und Taljereepsknoten (Bild 61)

A. Mit Part a wird eine Bucht gelegt, der Tampen wird unter den Parten b

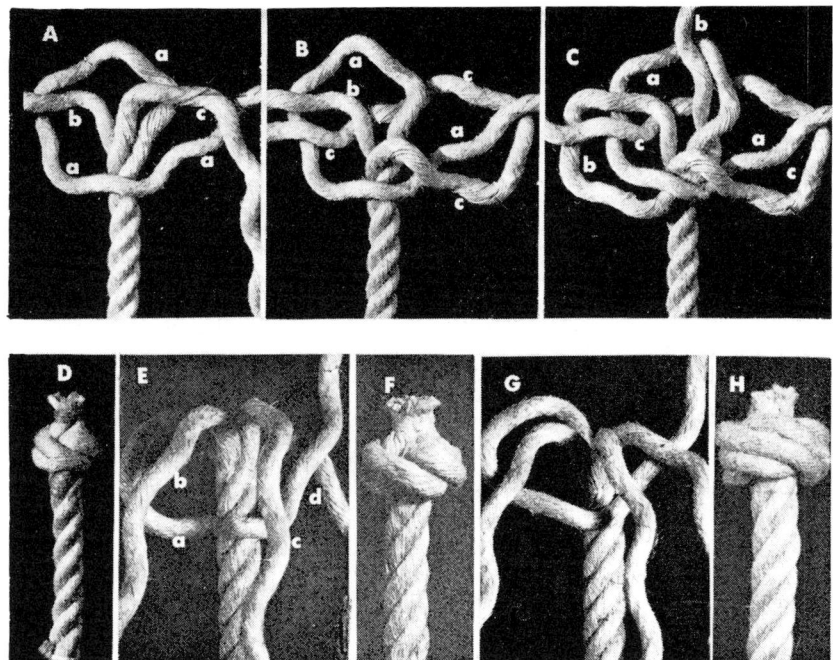

Bild 61. Ausführung des Schauermannsknotens.

und c geführt und nach oben zwischen Part c und a gelegt.

B. Part c wird unter Part a (zweimal) und Part b geführt. Sie kommt zwischen Part b und ihrem eigenen Ausgangspunkt heraus.

C. Alle drei Kardeele sind jetzt unter die zwei am nächsten rechts liegenden Parten gelegt.

D. Der einfache Schauermannsknoten ist steif geholt. Die Tampen werden mit einem Takling zusammengefaßt und gekappt.

E und F. Der einfache Schauermannsknoten, mit vier Parten ausgeführt, wird Taljereepsknoten genannt, weil das Taljereep, in alten Tagen zum Spannen der Wanten des Mastes verwendet, aus vierfachgeschlagenem Tauwerk bestand. In Bild E wird der Anfang eines einfachen Taljereepsknotens

gezeigt. Kardeel a wird unter die nächsten zwei Kardeele (b und c) nach rechts gelegt. F zeigt den fertigen Taljereepsknoten.

G und H. Der vierfachgeschlagene Schauermannsknoten (Taljereepsknoten), bei dem jedes Kardeel unter den drei folgenden hindurchgeführt wurde. Der Knoten wird voller und schöner.

Doppelter Schauermannsknoten (Bild 62)

Es ergibt sich ein wesentlicher Unterschied im Aussehen des Knotens, ob man die Kardeele bei der Verdopplung über oder unter die führende Part legt. Die jeweils angewendete Methode hängt vom Zweck ab.

A. Die Verdopplung über der führenden Part beginnt. Kardeel a wird zur Verdopplung über Kardeel b einge-

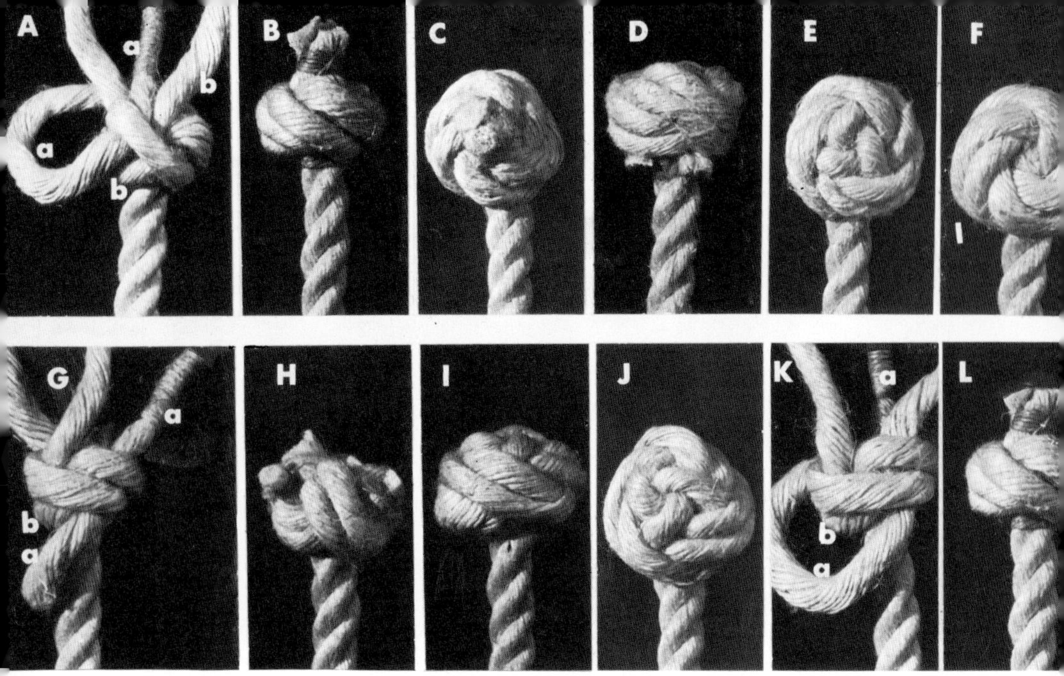

Bild 62. Doppelter Schauermannsknoten.

steckt; Kardeel b ist die führende Part.
B und C. Der fertige doppelte Schauermannsknoten; er ist verhältnismäßig breit und flach. Die Tampen kommen in der Mitte heraus. Man kann diesen Knoten auch weiter innen auf einer Tauwerksarbeit anbringen.

D. Schauermannsknoten, mit einer Krone versehen. Die Tampen sind nach unten am Ende entlang geführt und gekappt.

E. Dasselbe wie in D. Die Krone kann mit diesem Knoten mehr oder weniger in den Knoten hineingezogen werden.

F. Dasselbe in D und E. Die Krone ist so weit heruntergezogen, daß sie gerade noch zu erkennen ist.

G. Die Verdopplung unter der führenden Part beginnt. Kardeel a wird unter das führende Kardeel b gelegt.

H. Bei der einfachen Verdopplung unter der führenden Part kommen die Tampen seitlich am Knoten heraus. Aus diesem Grunde schließt dieser Knoten in der Regel mit einer Krone ab.

I und J. Derselbe Knoten wie in G und H, jetzt allerdings durch eine Krone ergänzt. Die Tampen werden nach unten am Ende entlanggeführt

Bild 63. Doppelter Taljereepsknoten.

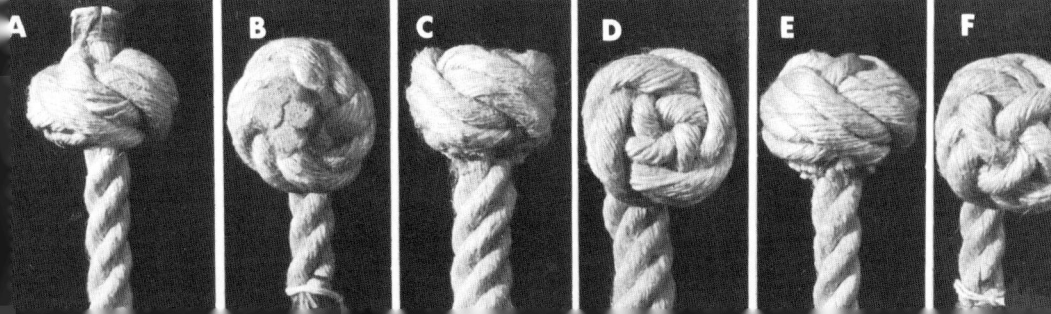

und gekappt. Man beachte, daß die Krone hier auf dem Knoten liegt, der einen ganz anderen Charakter als in D–E hat.

K und L. Bei der Verdopplung unter der führenden Part können die Tampen auch in der Mitte des Knotens herauskommen: jedes Kardeel wird unter einer weiteren Part hindurchgeführt. Dies ergibt einen dickeren Knoten als in B.

Doppelter Taljereepsknoten (Bild 63)

A und B. Vierfachgeschlagener Schauermannsknoten (Taljereepsknoten), verdoppelt über die führende Part. Man vergleiche mit Bild 62 A–C.

B und C. Vierfachgeschlagener Schauermannsknoten, verdoppelt über die führende Part und mit einer Krone versehen. Man vergleiche mit Bild 62 D und E.

D und E. Vierfachgeschlagener Schauermannsknoten, verdoppelt unter der führenden Part und mit einer Krone versehen. Man vergleiche mit Bild 62 G–J.

VOLLER SCHAUERMANNSKNOTEN (Bild 66)

Bei vollen Schauermannsknoten ist jedes *Durchstecken* ein halber Schlag, der sich selbst bekneift, wenn er steif geholt wird. Gleichzeitig wird er un-

Bild 64. Schauermannsknoten mit Krone (vom dreifachgeschlagenen zum achtfachgeschlagenen Knoten. Vergleiche mit Bild 62 F).

ter allen anderen Parten bekniffen. Dadurch wird es etwas schwieriger, die Parten das letzte Stück durchzuholen, damit der Knoten fest und gleichmäßig wird.

Dafür bekommt man einen ausgezeichneten Stopperknoten, dessen Parten nicht von selbst ausslippen. Gleichzeitig gehört der Knoten trotz seiner Einfachheit zu den schönsten, vor allem wenn er mit einer größeren Zahl von Parten gesteckt wird.

Hier wird zuerst die Entwicklung des vollen Schauermannsknotens mit drei Parten gezeigt.

A. Mit Kardeel a wird eine Bucht gelegt. Der Tampen wird ganz um das Ende und die übrigen Kardeele herum

Bild 65. Gürtel aus französischer Platting (vier blaue und zwei weiße Parten) mit vollem Schauermannsknoten.

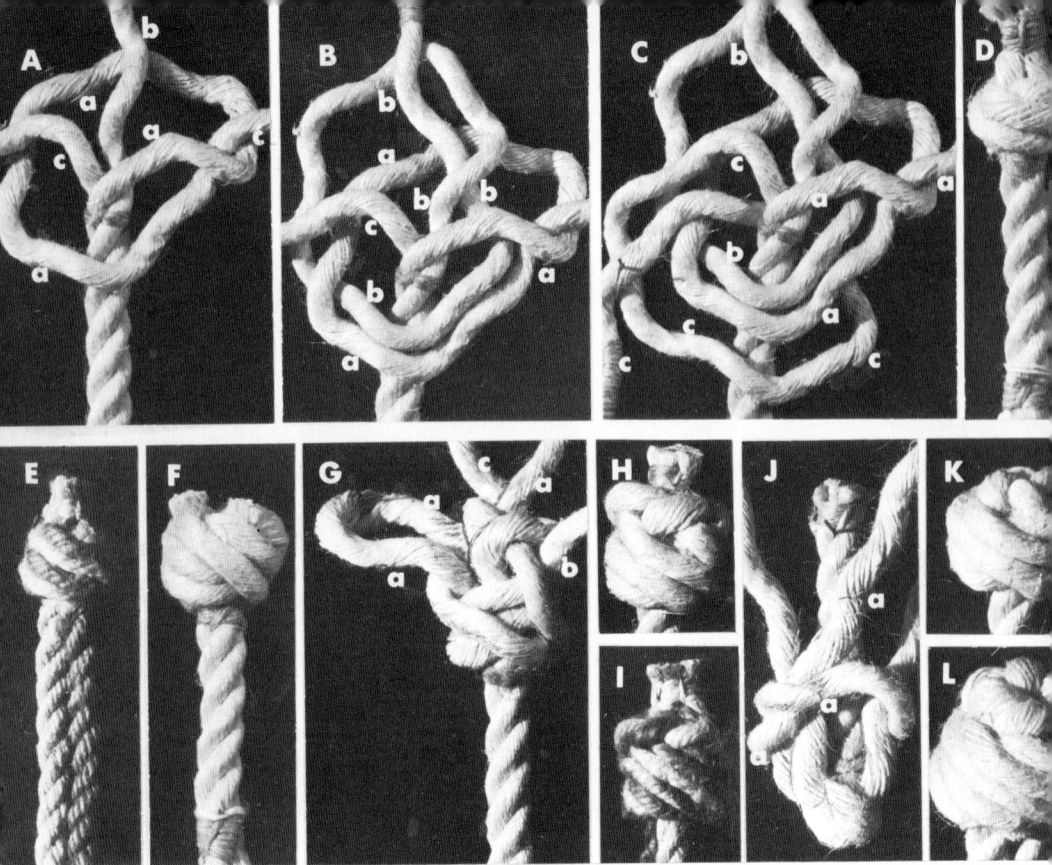

Bild 66. Ausführung des vollen Schauermannsknotens.

geführt und kommt in seiner eigenen Bucht heraus.

B. Part b wird um Part c und a herum geführt, weiter durch die Bucht von a und kommt ebenfalls in seiner eigenen Bucht heraus.

C. Kardeel c wird um alle 3 Parten herum geführt und nach oben durch die Buchten von a und b sowie seine eigene Bucht.

D. Die Parten sind steif geholt. Ein Takling vor dem Kappen ist eigentlich nicht erforderlich, da die Enden nicht ausslippen.

E. Voller Schauermannsknoten mit 6 Parten in zwei Farben ausgeführt.

F. Die Verdopplung des vollen Schauermannsknotens wird selten ausgeführt. Sie ist recht schwierig und setzt voraus, daß der einfache Knoten nicht zu steif geholt wird, bevor die Verdopplung begonnen wird. Der doppelte volle Schauermannsknoten gehört zu den sichersten aller kleinen Stopperknoten, bei denen die Tampen ohne aufgesetzten Takling gekappt werden.

Varianten des vollen Schauermannsknotens (Bild 66, G—I)

Bild 66 G zeigt eine dekorative Variante, bei der sich oben eine kleine Bucht ergibt. Mit 3 Parten wird zuerst eine rechtsgeschlagene Krone ausgeführt, darunter dann ein voller Schauermannsknoten. Zum Abschluß wird der Tampen nach oben durch die Krone geführt; im Bild geschieht dies gerade mit Part a.

H. Der fertige Knoten mit 4 Parten.
I. Voller Schauermannsknoten mit Kronenkatning, mit 9 Parten und in drei verschiedenen Farben ausgeführt.

Voller Schauermannsknoten, umgekehrt gesteckt (Bild 66 J—L)
Als Abschluß auf einer Tauwerksarbeit wirkt ein voller Schauermannsknoten am schönsten, wenn er so gesteckt wird, daß die Tampen an seiner unteren Kante herauskommen.
J. Man beginnt auf einem dreifachgeschlagenen Knoten. Die Krone ist gesteckt, danach wird die Arbeit umgedreht. Der volle Schauermannsknoten wird mit Part a angefangen.
K. Der umgekehrte volle Schauermannsknoten mit 4 Parten; die Krone ist linksgeschlagen.
L. Sechsfachgeschlagener voller Schauermannsknoten, umgekehrt gesteckt. Die Krone ist in diesem Falle rechtsgeschlagen.

ROSENKNOTEN (Bild 68)
Der im folgenden beschriebene Rosenknoten ist eine Kombination aus Krone und Schauermannsknoten. Seine Entwicklung wird mit 3 Parten gezeigt.
A. Man beginnt mit einer einfachen Krone.
B. Darauf wird unter die Krone ein Schauermannsknoten gesteckt. Im Bild beginnt man mit Part a, die unter Part b und c gelegt wird.
C. Der Schauermannsknoten ist fertig und unter der Krone steif geholt.
D. Die einfachste Form des Rosenknotens. Man wendet sie selten in der Praxis an, sie ist jedoch gut für den weiteren Aufbau des Knotens geeignet.
E. Hier wird die Verdopplung der Krone begonnen. Kardeel a folgt seiner führenden Part (Verdopplung innerhalb der führenden Part) und wird nach unten am Tampen entlang geführt.
F. Die Verdopplung der Krone ist mit allen 3 Parten durchgeführt, und die Tampen sind unter dem Knoten gekappt. Der fertige Knoten wird als Rosenknoten mit einfachem Schauermannsknoten und doppelter Krone bezeichnet.
G. Im nächsten Schritt wird der Schauermannsknoten verdoppelt. Bei der vorausgegangenen Verdopplung der Krone wurden die Parten nicht nach unten am Tampen entlang geführt, sondern kamen seitlich am Knoten heraus. Hier wird eine einfache obenliegende Krone gesteckt, dann wird die Verdopplung mit Kardeel a fortge-

Bild 67. Schaukeltaue mit Rosenknoten als Abschluß (siehe Bild 68 F).

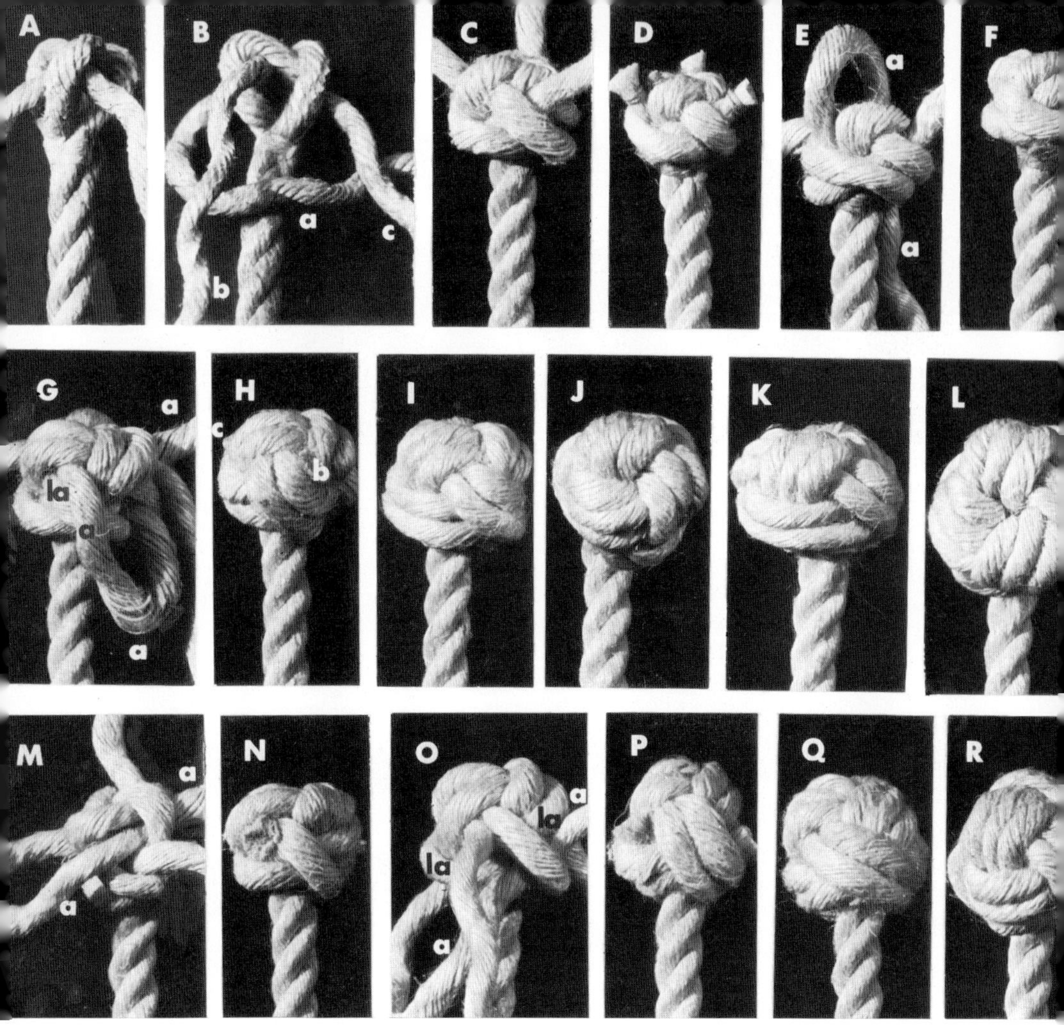

Bild 68. Ausführung des Rosenknotens.

setzt; es folgt seiner führenden Part am oberen Rand und kommt wieder seitlich am Knoten heraus.

H. Die Verdopplung des Schauer-

Bild 69. Platting mit Rosenknoten als Schlüsselanhänger.

mannsknotens ist mit allen 3 Kardeelen durchgeführt. Die Tampen kommen seitlich am Knoten heraus, wo sie kurz gekappt werden. Im Bild ist angegeben, wo die Kardeele c und b gekappt sind. Der fertige Knoten wird als Rosenknoten mit doppelter Krone und doppeltem Schauermannsknoten bezeichnet.

I und J. Am häufigsten besteht der Rosenknoten allerdings aus einer dreifachen Krone und doppeltem Schauermannsknoten. Hier sind die Parten zur Verdreifachung der Krone noch einmal

Bild 70. Gürtel aus einer Platting mit Porteurknoten.

innerhalb der führenden Parten geführt. Sie werden nach unten am Tampen entlang geführt und dicht unter dem Knoten gekappt.

K und L. Vierfachgeschlagener Rosenknoten mit dreifacher Krone und doppeltem Schauermannsknoten.

M. Der Knoten bekommt eine andere Form, wenn man die Verdopplung auf der Außenseite der führenden Part vornimmt. Ausgangspunkt ist das Bild 68 C; Kardeel a wird an der Außenseite seiner führenden Part eingeführt.

N. Die äußere Verdopplung der Krone, mit allen 3 Parten durchgeführt.

O. Äußere Verdopplung des Schauermannsknotens, mit Kardeel a begonnen.

P. Die äußere Verdopplung des Schauermannsknotens ist mit allen Kardeelen ausgeführt, die Tampen sind an der Stelle gekappt, wo sie seitlich aus

dem Knoten herauskommen. Vergleiche die Form des Knotens mit H.

Q und R. Rosenknoten mit äußerer Verdreifachung der Krone und doppeltem Schauermannsknoten. Vergleiche mit K und L.

Porteurknoten (Krone und Platte mit einmaligem Einspleißen) (Bild 72)

Dieser kleine Knoten ist sehr gut geeignet, einen *Stop* weiter innen auf einem Tampen zu bilden, weil die Parten oben in Knotenmitte herauskommen. In seiner Struktur ist er dem Rosenknoten ähnlich. Hier wird seine Ausführung mit 3 Parten gezeigt.

A. Man steckt eine Krone, darunter eine Platte (Unterhandkrone).

B. Der Tampen von Kardeel a wird nach oben durch die Krone in die Bucht von Kardeel c geführt (parallel mit

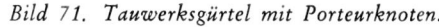

Bild 71. Tauwerksgürtel mit Porteurknoten.

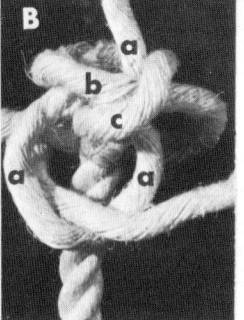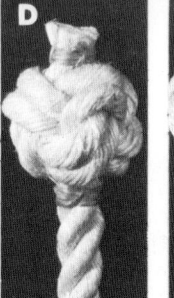

Bild 72. Ausführung des Porteurknotens.

und in entgegengesetzter Richtung zu Kardeel b.

C. Die übrigen 2 Kardeele werden in der gleichen Weise gesteckt; der Knoten wird dann steif geholt.

D und E. Doppelter dreifachgeschlagener Porteurknoten, von der Seite bzw. von oben gesehen.

F. Doppelter vierfachgeschlagener Porteurknoten, von oben gesehen.

Bild 73. Serviettenring aus 5-mm-Leine mit sechsfachgeschlagenem Sternenknoten, aus den 6 Kardeelen aufgebaut.

STERNENKNOTEN

Es ist nicht verwunderlich, daß der Sternenknoten und seine Varianten zu den besonders beliebten Zierknoten gehören; besonders mit 5 und 6 Parten ist er sehr schön. Hinzu kommt, daß er verhältnismäßig leicht anzufertigen ist.

In seinem Aufbau unterscheidet er sich grundlegend von der großen Zahl der Kardeelknoten, aber in einigen Varianten kann der Sternenknoten mit anderen Knoten kombiniert werden. Wie die meisten anderen Knoten kann man den Sternenknoten auf dem Tampen oder auch auf dem Ende bei Tauwerksarbeiten anbringen. Man kann ihn aus jeder beliebigen Anzahl Parten ab 3 aufwärts herstellen. Der dreieckige Knoten mit 3 Parten sowie der rechteckige mit 4 Parten wird verhältnismäßig selten verwendet. Im Hin-

46

Bild 74. Zusammengenähter Gürtel mit Sternenknoten.

blick auf die Vereinfachung jedoch werden in diesem Abschnitt in den Illustrationen vorzugsweise 4 Parten benutzt, um die Entwicklung des Knotens und seiner Varianten zu zeigen. Dafür werden einige fertige Knoten mit mehreren Parten als Beispiel gezeigt.

Einfacher Sternenknoten (Bild 76)

A. Die Kardeele werden sternförmig im rechten Winkel vom Tampen ausgebreitet. Mit Kardeel a wird ein linksgeschlagenes Auge ausgeführt, und der Tampen des Kardeels links von a (Kardeel d) wird von unten nach oben durch das Auge von a geführt.

B. Mit dem rechten Kardeel b wird ebenfalls ein halber Schlag ausgeführt, der Tampen a wird von unten nach oben durch das Auge von b geführt.

C. In gleicher Weise wird mit c ein halber Schlag gelegt; der Tampen b wird durch das neue Auge geführt.

D. Die Bucht von Kardeel d wird zu einem Auge verdreht, und der Tampen von c wird durch dieses Auge gesteckt.

E. Sind alle Parten gleichmäßig steif geholt, muß der Knoten von oben wie im Bild gezeigt, aussehen.

F. Eine linksgeschlagene Krone wird begonnen. Kardeel d wird scharf nach unten über Kardeel c gelegt.

G. Kardeel c wird nach links quer über Kardeel b gelegt.

H. Dasselbe ist mit allen Kardeelen ausgeführt, so daß diese eine Krone bilden.

I. Kardeel d ist um c herum gelegt und zurück um seine eigene Part, so daß der Tampen jetzt nach innen hin weist.

J und K. Mit allen Kardeelen wird in gleicher Weise ein halber Schlag um die

Bild 75. Gürtel aus französischer Platting mit 6 Parten. Zur Einstellung des Gürtels dienen die Sternenknoten.

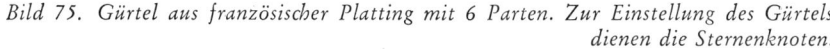

Part gelegt, die gerade unterfahren wurde. In dieser Stufe hat man die einfachste Form eines Sternenknotens, wie in den folgenden 3 Bildern gezeigt wird.

L und M. Vierfachgeschlagener einfacher Sternenknoten, von der Seite und von oben gesehen. Die Tampen sind mit einem Takling zusammengefaßt und gekappt.

N. Man kann die Tampen (Kardeele) auch wieder zusammendrehen; der Knoten wirkt dann wie ein *Stopper* auf einem Ende.

O. Im allgemeinen verdoppelt man jedoch die Parten an der Ober- und Unterseite des Knotens. Mit Bild J–K als Ausgangspunkt wird die Verdopplung begonnen. Der Pricker bildet eine Öffnung für das Kardeel d neben dessen führender Part (l d in Bild J).

P. Part d wird nach rechts und parallel zu den benachbarten Kardeelen gelegt (siehe Bild J) und folgt diesen nach unten durch die beiden halben Schläge.

Q. Die erste Stufe der Verdopplung ist mit allen Kardeelen durchgeführt. In diesem Stadium könnte man den Knoten abschließen und die Tampen kappen.

R. Der Pricker bildet eine Öffnung für die nächste Stufe der Verdopplung.

S. Part d folgt den Nachbarkardeelen weiterhin parallel an der Unterseite des Knotens und nach oben durch die beiden halben Schläge links. Darauf kommt Part d in der Mitte des Knotens heraus.

T. Genauso geht man mit den übrigen Kardeelen vor. Soll der Knoten weiter innen auf dem Ende sitzen, kann man ihn jetzt kräftig und regelmäßig steif holen und mit den Kardeelen weiterarbeiten, wie es z. B. in Bild N gezeigt wird. Soll der Knoten dagegen auf dem Tampen sitzen, verdoppelt man die Parten an der Oberseite noch einmal.

U. Die Parten werden parallel mit ihrer jeweils rechts liegenden Part gelegt, folgen dieser aber nur nach unten durch den oberen halben Schlag. Sie verlaufen weiter schräg zur Knotenmitte hin und kommen unten am Tampen heraus. Hier bildet der Pricker eine Öffnung für das erste Kardeel.

V. Alle Parten sind an der Oberseite des Knotens verdreifacht. Der Knoten wird fest und gleichmäßig zusammengezogen, die Tampen können dicht an der Unterseite gekappt werden.

X und Y. Der fertige vierfachgeschlagene Sternenknoten mit dreifacher Oberseite.

Varianten des Sternenknotens (Bild 78)

A und B. Siebenfachgeschlagener Sternenknoten mit Krone. Man geht vom Stadium des Bildes 76 T aus und steckt eine Krone rechts. Jede Part wird über die 2 nächsten Kardeele nach rechts gelegt. Dann wird der Knoten wie in Bild 76 (U und V) fertiggestellt.

C und D. Sechsfachgeschlagener Sternenknoten, durch eine doppelte Krone ergänzt. Ausgangspunkt ist Bild 76 T. Die Parten werden zu einer Krone gesteckt (rechts); jede Part wird über das Nachbarkardeel gelegt. Die Kardeele werden danach zurück über das Nachbarkardeel geführt, das sie gerade unterfahren haben, und verlaufen weiter nach unten durch die Knotenmitte, so daß sie unten dicht am Tampen herauskommen. Die doppelte Krone erhebt sich hier etwas über den Sternenknoten.

E und F. Die gleiche Methode ist bei

Bild 76. Ausführung des Sternenknotens.

48

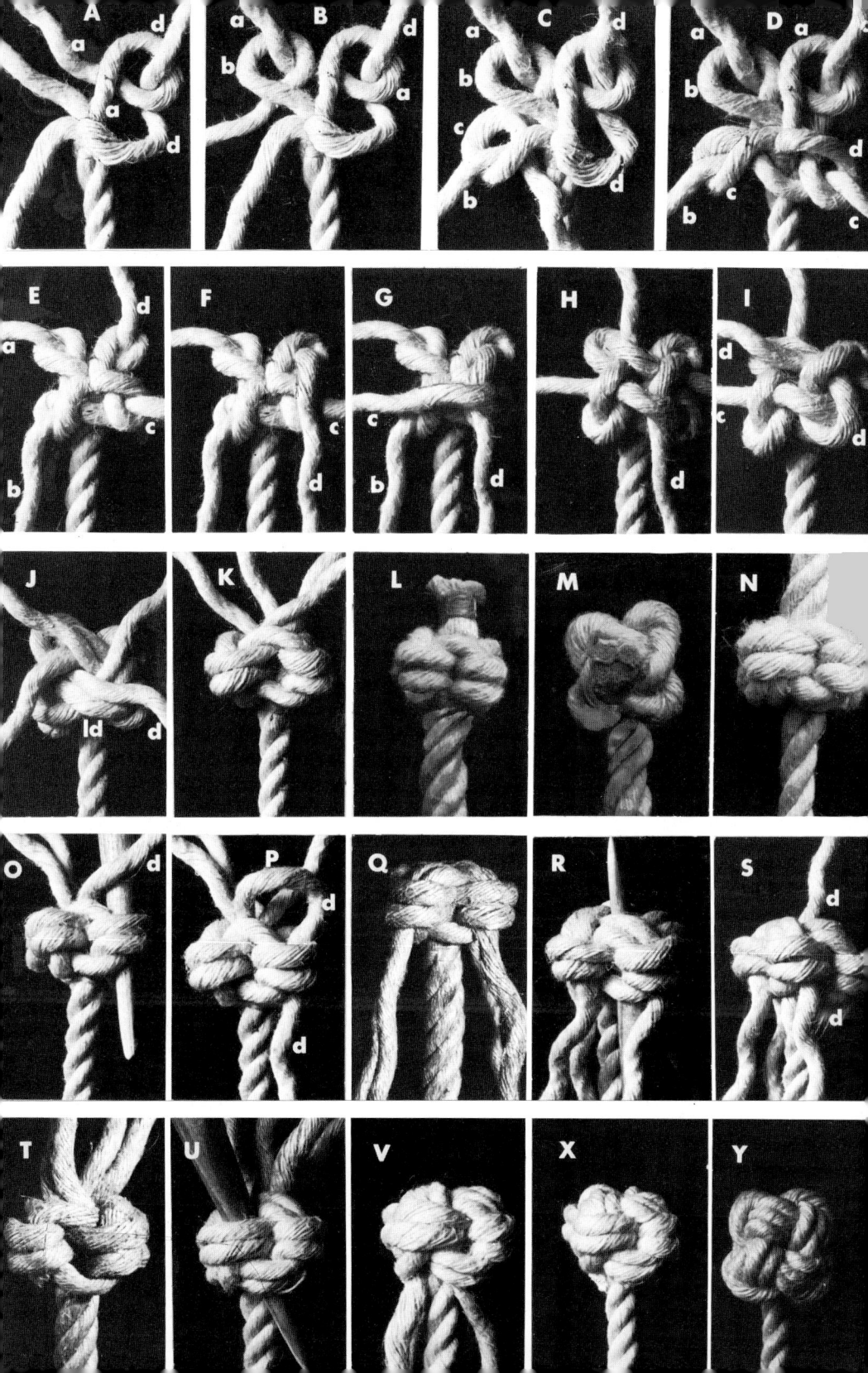

Bild 77. Gürtel aus einfacher Platting (9 Garne) mit Sternenknoten.

diesem fünffachgeschlagenen Sternenknoten mit doppelter Krone angewendet worden. Hier ist die Krone
allerdings ganz in den Knoten herein-
gezogen und erhebt sich nicht über die
Oberfläche des Sterns.

G und H. Fünffachgeschlagener Sternenknoten mit doppeltem Stopperknoten. Ausgangspunkt für diesen
Knoten ist Bild 76 T; man steckt einen
doppelten Stopperknoten (rechts). Die
Parten werden etwas nach rechts geführt und dann nach unten durch den
Knoten, so daß sie unten dicht am

Tampen herauskommen. Zum Schluß
wird zuerst der Sternenknoten fest zusammengezogen, danach der Stopperknoten; dann werden die Tampen steif
geholt und gekappt.

I und J. Dreifachgeschlagener Sternenknoten mit doppeltem Schauermannsknoten als Abschluß. Die Tampen werden nach unten dicht am Ende durch
den Sternenknoten geführt und unter
dem Knoten gekappt.

K und L. Achtfachgeschlagener Sternenknoten mit verdreifachter Oberseite.

Bild 78. Varianten des Sternenknotens.

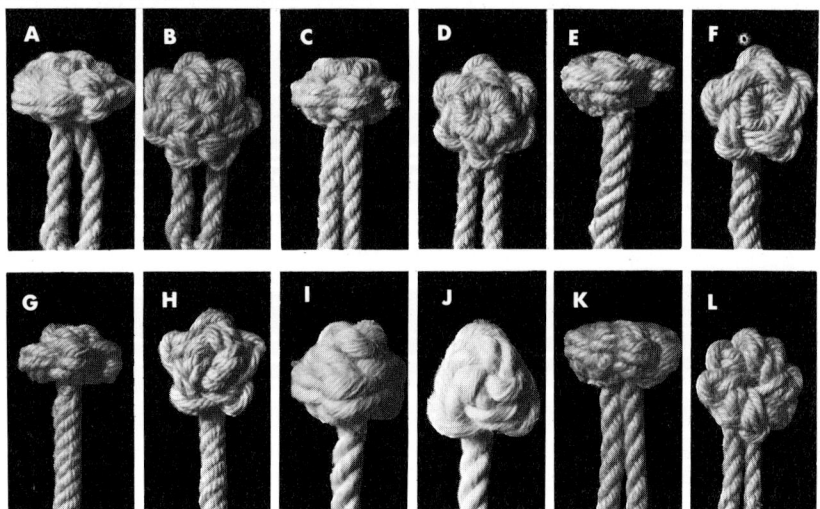

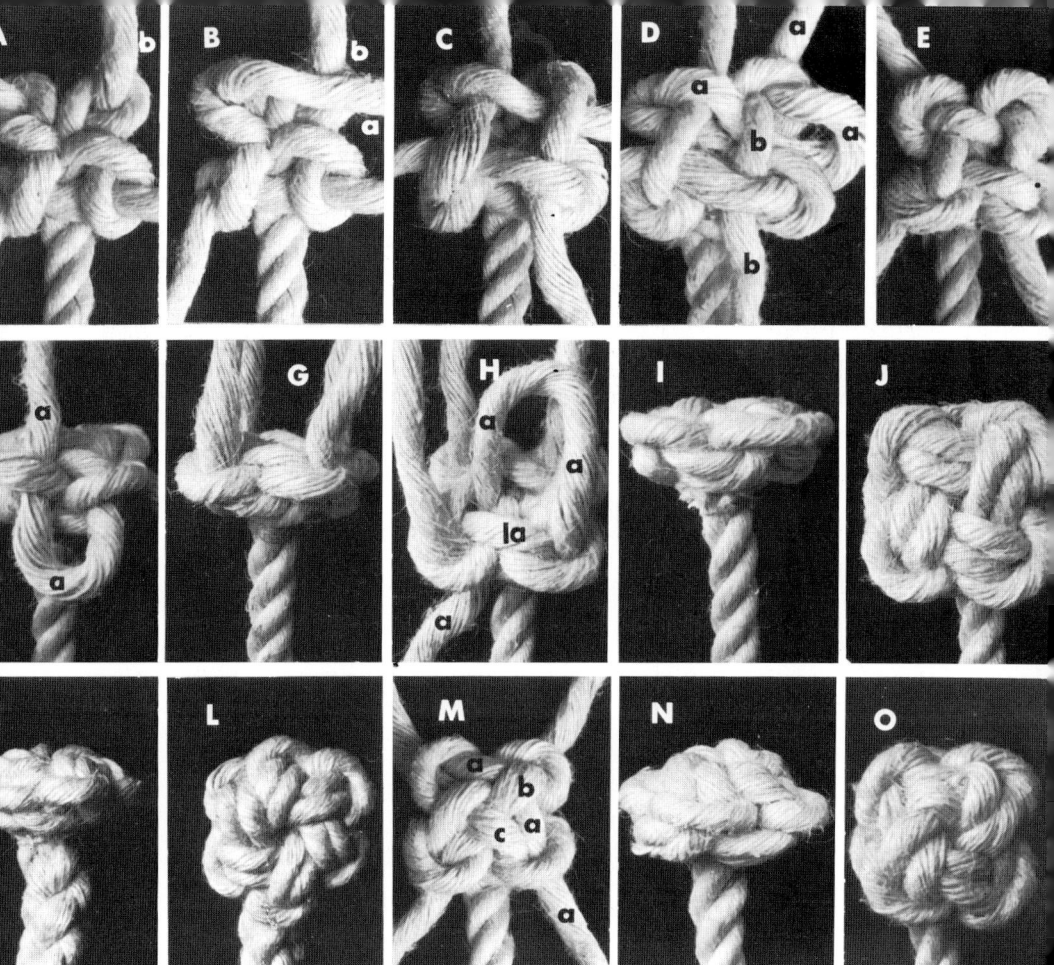

Bild 79. Sternenknoten mit einfacher Kante.

Sternenknoten mit einfacher Kante (Bild 79)

Diese flache Variante wird wie der einfache Sternenknoten begonnen:

A. Die Entwicklung bis zu dieser Stufe entspricht dem Bild 76 A–F.

B. Eine Krone wird begonnen. Kardeel a wird nach rechts quer über Kardeel b gelegt.

C. Alle 4 Kardeele sind nach rechts gelegt. Die Krone ist fertig.

D. Kardeel a wird nach unten durch das Auge geführt, durch welches Kardeel b von unten kommt.

E. Genauso werden die übrigen Kardeele geführt.

F. Die Unterseite soll jetzt verdoppelt werden. Kardeel a folgt seiner führenden Part und wird durch das links liegende Auge nach oben zur Knotenoberseite geführt.

G. Dasselbe geschieht mit den übrigen Kardeelen.

H. Zum Abschluß soll die Oberseite verdoppelt werden. Man beginnt mit Kardeel a, das seiner führenden Part (1 a) nach unten durch das gleich rechts liegende Auge folgt.

I und J. Der fertige vierfachgeschlagene Sternenknoten mit einfacher Kante. Die Tampen sind an der Unterseite gekappt.

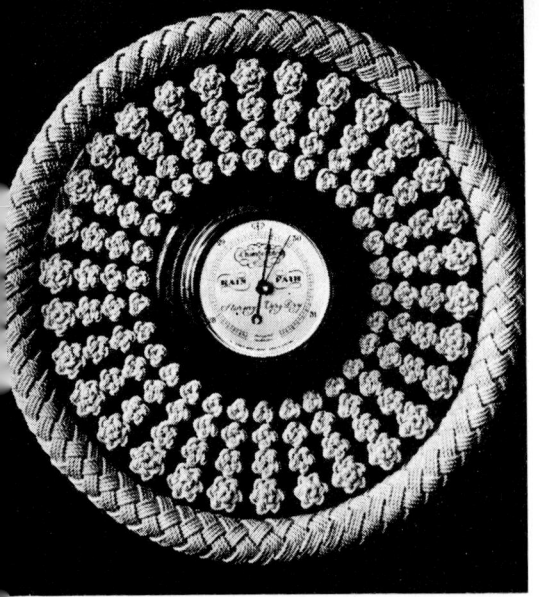

K und L. Sechsfachgeschlagener Sternenknoten mit einfacher Kante. Die Tampen sind wie beim spanischen Takling eingespleißt.

M. Eine Variante. Anstatt wie in D die Kardeele nach unten durch das gleich links liegende Auge zu führen, sind sie hier durch das rechts liegende Auge geführt worden. Kardeel a ist also vorbei an b und nach unten durch das Auge geführt, durch welches Kardeel c nach oben geführt wird.

N und O. Die weitere Behandlung des Knotens wie üblich.

Bild 80. Frode Johansen hat die Grundplatte dieses Barometers mit Sternenknoten besetzt. Die Knoten des äußeren Ringes sind sechsfachgeschlagen mit Krone. Der Ring ist mit Kreuzkatning gekleedet. Das Garn: weiße Baumwolle.

Bild 81. Für die Weihnachtssterne wurde 1¹/₂ mm starkes Garn bei den Sternenknoten benutzt. Bei einigen Knoten sind die Buchten lang herausgezogen und vor dem Kappen der Tampen mit etwas Leim gesichert. Darauf wurden die Knoten lakkiert, geformt und bronziert.

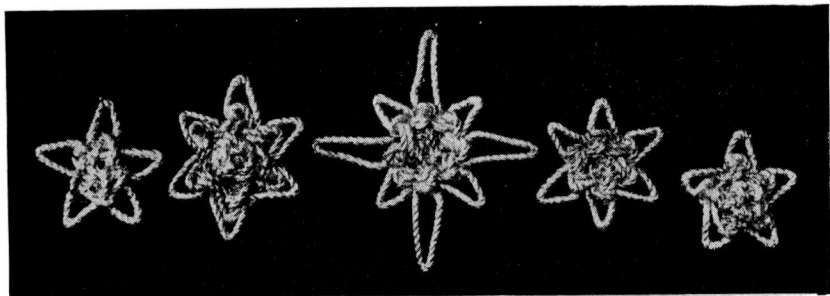

Bild 82. Sternenknoten (vom dreifach- bis zum achtfachgeschlagenen Knoten) werden hier dazu verwendet, Plattings zu Serviettenringen zusammenzufügen.

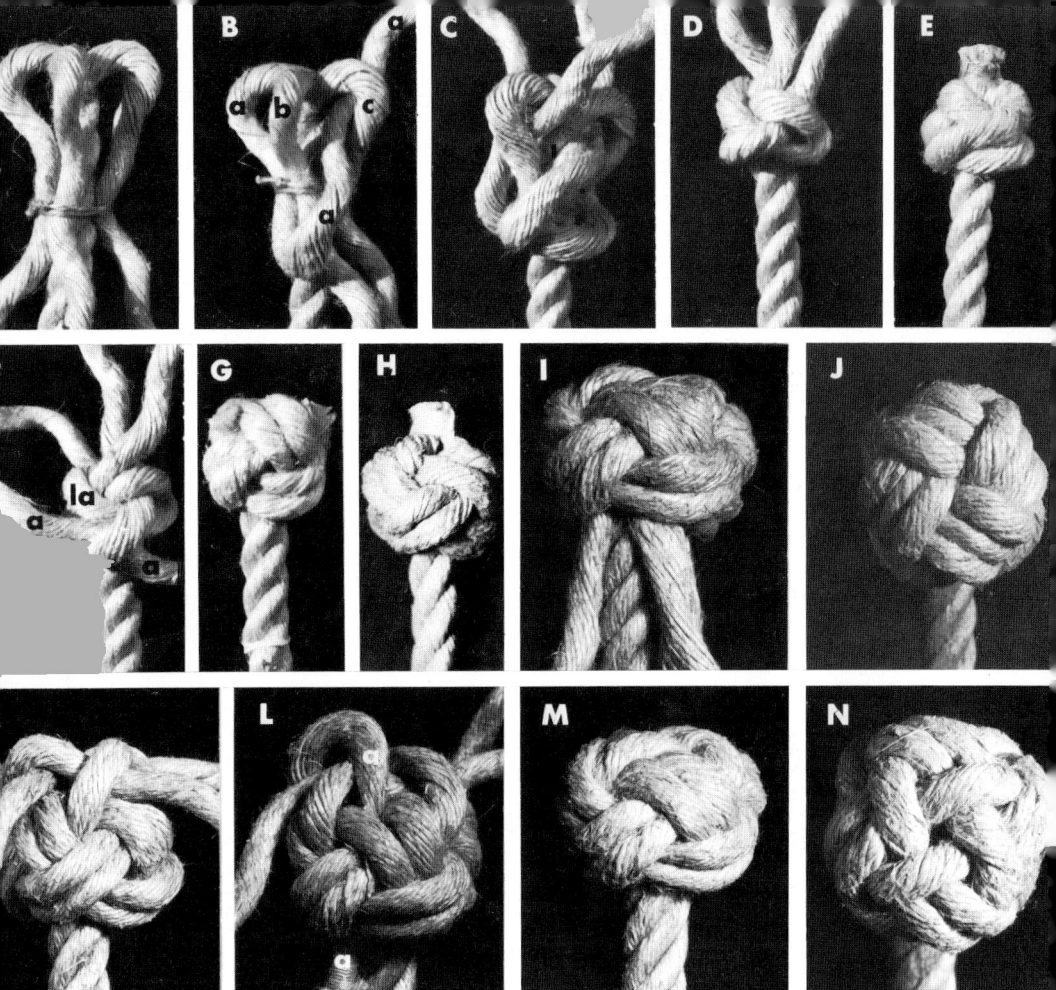

Bild 83. Ausführung des Diamantknotens.

GEFLOCHTENE KNOTEN

Diese Gruppe, innerhalb der es zahlreiche Varianten gibt, trägt in den meisten Ländern die Gattungsbezeichnung *Diamantknoten*.

Gemeinsame Merkmale

Die Flechttechnik bei diesen Knoten ist mehr dem türkischen Bund und bestimmten Typen der Katnings verwandt. Nachdem man einen Takling aufgesetzt hat, wobei man genügend lange Parten zum Arbeiten behält, werden diese Parten am Tampen zurück gelegt und durch ein kleines Bändsel in ihrer Position gehalten.

Bei größeren Knoten können mehrere Bändsel aufgesetzt werden; bei ganz kleinen Knoten dagegen kommt man mit einiger Übung ohne Bändsel klar, indem man die Parten mit einer Hand hält und mit der anderen die Flechtung ausführt.

Der Diamantknoten (Bild 83)

Er ist als der grundlegende und einfachste der geflochtenen Knoten anzusehen.

A. Die Kardeele eines dreifachgeschlagenen Endes werden am Tampen zu-

53

rück gelegt und durch ein Bändsel gehalten.

B. Kardeel a wird außen um b herum gelegt und durch die Bucht von c gesteckt.

C. Genauso werden die übrigen Kardeele nach rechts über eines und unter eines der Nachbarkardeele gesteckt.

D. Das Bändsel wird gekappt und der Diamantknoten zusammengezogen. Die Tampen kommen ziemlich in der Mitte heraus. Man kann sie wieder zusammendrehen, der Knoten sitzt dann mehr auf dem Ende; dies geht allerdings nur, wenn es sich nicht um zu viele Parten handelt.

E. Einfacher Diamantknoten mit betakelten und gekappten Tampen.

F. Die Verdopplung des Diamantknotens kann *normal* vorgenommen werden, indem man die Kardeele unter die führende Part legt: hier wird die Verdopplung mit Kardeel a begonnen, das seiner führenden Part (1 a) folgt.

G. Hier ist die Verdopplung mit allen Parten durchgeführt. Wie zu erkennen, kommen sie ziemlich weit von der Knotenmitte entfernt heraus.

H. Die Parten bringt man mehr zur Knotenmitte hin, wenn man in der Weise verdoppelt, daß man die Kardeele über die führende Part legt. Hier ist die Verdopplung über die führende Part fertig.

I und J. Der Diamantknoten ist ebenfalls gut als Abschluß einer Arbeit geeignet. Man geht vom Knoten in Bild G aus und verdreifacht die Knotenoberseite. Die Bilder zeigen einen Diamantknoten mit 4 Parten ausgeführt und verdreifachter Oberseite, von der Seite und von oben gesehen.

K. Anstatt einer Verdreifachung der Oberseite kann man eine Krone stecken. Im Bild wird ein vierfachgeschlagener Diamantknoten vorgestellt, der

verdoppelt worden ist und vorläufig mit einer Krone obenauf versehen ist.

L. Darauf werden die Tampen nach unten durch die Knotenmitte am Tampen entlang geführt; im Bild mit Part a gezeigt.

M und N. Vierfachgeschlagener doppelter Diamantknoten mit Krone – von der Seite und von oben gesehen.

Würfelknoten (Bild 84)

Diese Variante kann mit 4 Parten ausgeführt werden. Die Würfelform gelingt am besten, wenn man durch etwas Modellieren nachhilft.

A. Die Kardeele werden zurück am Tampen entlang gelegt und mit einem Bändsel gehalten. Dann wird mit allen Parten eine Platte (Unterhandkrone) unter dem Bändsel gesteckt; im Bild mit Part a ausgeführt.

B. Alle Parten sind zur Unterhandkrone gesteckt.

C. Alle Parten müssen daraufhin schräg nach rechts oben über eine und unter eine Part gesteckt werden; im Bild mit Kardeel a gezeigt.

D. Alle 4 Parten sind gesteckt.

E. Der Knoten ist zusammengezogen in Würfelform gearbeitet, so daß eine Bucht an jeder der 8 Ecken hervortritt, während die Bucht mitten auf den Seitenflächen in den Knoten hineingepreßt wird.

F. Einfacher Würfelknoten. Die Tampen sind mit einem Takling versehen und gekappt.

G. Eine Variante; man beginnt vom Bild E ausgehend mit einer Krone und führt die einzelnen Tampen nach unten durch den Knoten am Tampen entlang. Hier wird eine linksgeschlagene Krone mit Part a angefangen.

H. Die fertige Variante: einfacher Würfelknoten mit Krone.

I. Ein doppelter Würfelknoten mit

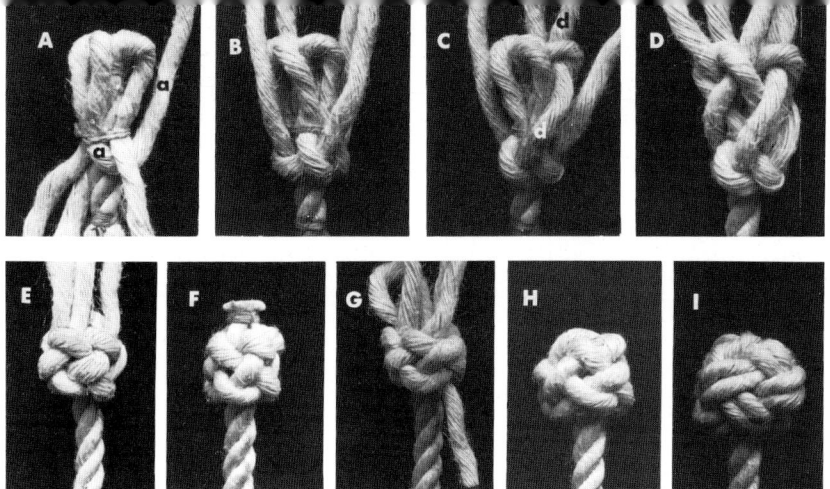

Bild 84. Ausführung des Würfelknotens.

Krone. Die Verdopplung beginnt man ausgehend von Bild E. Die Krone wird zuletzt gesteckt, und die einzelnen Tampen werden nach unten am Tampen entlanggeführt.

Linsenknoten (Bild 85)

Das Verfahren ist im großen und ganzen dasselbe wie beim Würfelknoten. Am besten nimmt man mindestens 6 Parten; im ersten Beispiel wird die Ausführung des Knotens allerdings mit 4 Parten vorgeführt.

A und B. Einfacher Linsenknoten (vierfachgeschlagen). Dies Stadium entspricht Bild 84 E und F, der Knoten wird jedoch flach modelliert, bevor er zusammengezogen oder verdoppelt wird.

C und D. Die Verdopplung beginnt mit Part a, die parallel und unter die zunächst rechts liegende Part gelegt wird.

E. Gerade bevor Part a wieder an der Stelle angelangt ist, wo die Verdopplung zur Knotenmitte gesteckt und nach unten am Tampen entlang geführt wird.

F, G und H. Die Verdopplung ist mit allen Parten beim vierfachgeschlagenen Linsenknoten durchgeführt; der Knoten ist von der Seite und von oben gezeigt.

I und J. Mit 6 Parten erzielt man die vollkommenste Form des doppelten Linsenknotens, der hier von der Seite und von oben zu sehen ist.

Bild 85. Ausführung des Linsenknotens.

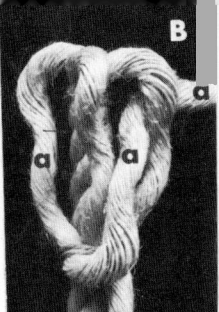

Bild 86. Ausführung des Kolbenknotens.

Einfacher Kolbenknoten (Bild 86)

Langgestreckte geflochtene Knoten können in unzähligen Varianten hergestellt werden. Hier wird die einfachste Form mit 3 Parten vorgeführt.

A. Die 3 Kardeele werden zurück gelegt und gebändselt.

B. Kardeel a wird nach rechts über 1 und unter 1 geflochten.

C. Genauso verfährt man mit den übrigen Kardeelen. Darauf werden sie noch einmal über 1 und unter 1 geflochten.

D. Dreifachgeschlagener Kolbenknoten, zweimal über 1 und unter 1 geflochten, mit einem Takling als Abschluß.

E. Dreifachgeschlagener Kolbenknoten, dreimal in der oben beschriebenen Weise geflochten, ebenfalls mit einem Takling abgeschlossen.

Zylinderknoten (Bild 87)

Ein geflochtener Knoten mit einfachem Aufbau nach dem gleichen Prinzip wie die vorher beschriebenen Knoten. Nachdem die Kardeele wie in Bild 86 E gebändselt sind, werden sie schräg nach oben jeweils unter und über eine wechselnde Anzahl von Parten geflochten.

A. Zylinderknoten mit 6 Parten. Alle Kardeele sind zuerst nach rechts unter 1 Part geflochten. Danach wird jeweils 1 Kardeel weiter nach rechts über 8 und unter 1 Part geflochten. Zum Schluß wird der Knoten fest zusammengezogen, die Parten getakelt und gekappt.

B und C. Soll der Knoten den Abschluß einer Arbeit bilden, steckt man – bevor der Knoten zusammengezogen wird – eine Krone und führt die Tampen nach unten durch den Knoten. Im Bild sieht man von der Seite und von oben einen sechsfachgeschlagenen Zylinderknoten, unter 1, über 4, unter 1 geflochten und mit einer Krone als Abschluß.

D und E. Neunfachgeschlagener Zylinderknoten, unter 1, über 4, unter 1 geflochten und mit einer Krone versehen.

Tonnenknoten (Bild 88)

Im Gegensatz zum Zylinderknoten wird bei dieser Variante unter einer größeren Anzahl Parten und über einer geringeren Anzahl Parten geflochten.

A. Vierfachgeschlagener Tonnenkno-

Bild 87. Ausführung des Zylinderknotens.

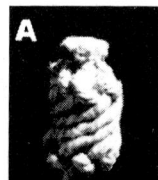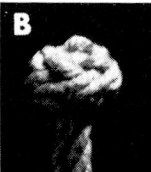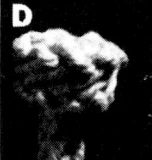

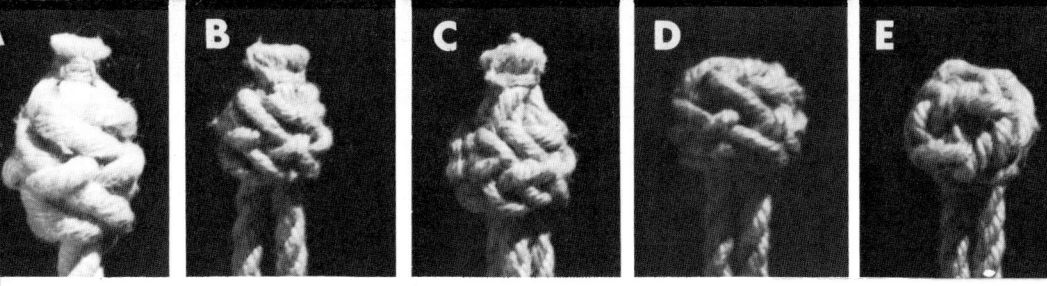

Bild 88. Ausführung des Tonnenknotens.

ten, unter 3, über 4, unter 3 geflochten und oben mit getakelten und gekappten Tampen als Abschluß.

B. Sechsfachgeschlagener Tonnenknoten, wie unter A geflochten.

C. Neunfachgeschlagener Tonnenknoten, wie unter A geflochten.

D und E. Sechsfachgeschlagener Tonnenknoten mit Krone, die Tampen sind nach unten geführt.

Zick-Zack-Knoten (Bild 89)

Variante eines geflochtenen Knotens mit einem Muster aus senkrechtlaufenden Zickzacklinien. Der Knoten wird am ansehnlichsten mit 6 oder 8 Parten. Die Zahl der Parten muß eine gerade Zahl sein.

A. 6 Parten sind zurück am Tampen entlang gelegt und mit einem oder auch mehreren Bändseln befestigt. Part a

Bild 89. Ausführung des Zickzackknotens.

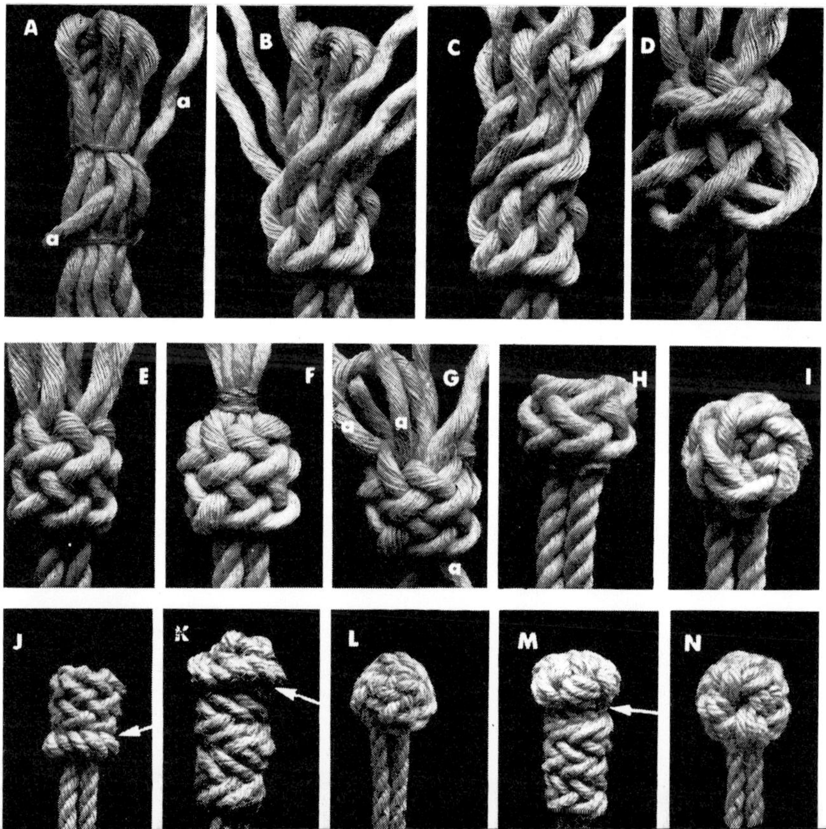

wird schräg nach rechts oben über 2 und unter 2 Parten geführt.

B. Die übrigen 5 Parten werden genauso geflochten.

C. Alle Kardeele werden noch einmal über 2 und unter 2 geflochten.

D. Das Zusammenziehen des Knotens wird vorsichtig begonnen. Hat man dieses Stadium erreicht, nimmt man die Spitzzange zur Hilfe und holt jeweils jede Part etwas steif.

E. Der Knoten ist ganz zusammengezogen.

F. Sechsfachgeschlagener Zickzackknoten, oben mit getakelten Tampen abgeschlossen.

G. Man kann noch weiter als bis E arbeiten, indem man eine Krone steckt und die Parten nach unten am Tampen entlang führt. Hier wird die Krone mit Part a angefangen.

H und I. Sechsfachgeschlagener Zickzackknoten mit Krone, von der Seite und von oben gesehen.

J. Man kann den Knoten weiterfüh-

ren, nachdem die Tampen nach unten geführt sind. Hier wird weiter ein einfacher Schauermannsknoten gesteckt, und die Tampen kommen zwischen dem Zickzackknoten und dem Stopperknoten heraus (siehe Pfeil).

K und L. Bei diesem Knoten sind die Parten zweimal über 4 und unter 4 geflochten. Danach folgt ein Stopperknoten mit Rundtörn, über diesem wieder eine Krone. Die Tampen werden nicht den langen Weg nach unten, sondern an der Unterseite des Stopperknotens herausgeführt (siehe Pfeil).

M und N. Mit sechs Parten wird dreimal über 3 und unter 3 geflochten. Den Abschluß bildet ein dreifacher Fallreepsknoten. Die Parten werden beim Pfeil gekappt.

Fischgrätknoten (Bild 90)

Für diesen ährenförmigen Knoten ist eine gerade Zahl von Parten erforderlich (4, 6, 8 oder 12).

A. Auf die Arbeit (hier ein vierfachgeschlagenes Ende) wird ein Takling

Bild 90. Ausführung des Fischgrätknotens.

gesetzt, und die Parten werden zurück am Tampen entlang gelegt, indem sie spiralig nach rechts gedreht und durch einen kleinen Zurring festgehalten werden. Darauf werden sie in einer Spirale schräg nach rechts oben geflochten.
B. Jede zweite Part (a und c) wird unter eine Part geflochten.
C. Die übrigen Parten (b und d) werden über 1 und unter 2 geflochten.
D. Die ersten Parten werden über 2 und unter 2 geflochten. Man beachte: in diesem Stadium kann die einfachste Variante des Knotens angefertigt werden. Der Knoten wird etwas zusammengezogen und zuoberst eine Krone gesteckt; die Parten werden durch den Knoten nach unten am Tampen entlang geführt und unten gekappt.
E und F. Der einfachste Fischgrätknoten aus D ohne zusätzliche Flechtung entwickelt (von der Seite und von oben gesehen).
G. Normalerweise macht man den Knoten jedoch durch weiteres Flechten länger. Hier – ausgehend von D – werden alle Parten zusätzlich zweimal über 2 und unter 2 geflochten; auf den Knoten wird eine Krone gesteckt.
H. Vierfachgeschlagener Fischgrätknoten mit drei zusätzlichen Flechtungen.
I. Vierfachgeschlagener Fischgrätknoten mit vier zusätzlichen Flechtungen.
J. Ein Fischgrätknoten aus sechs Parten mit zwei zusätzlichen Flechtungen.
K und L. Fischgrätknoten mit acht Parten und zwei zusätzlichen Flechtungen. Anstatt mit einer Krone zu schließen und die Tampen nach unten zu führen, dient hier ein Sternenknoten oben als Abschluß. Die Tampen werden am Übergang zwischen Fischgrätknoten und Sternenknoten herausgeführt (Pfeil) und gekappt.

Bild 90 A. Glockenstränge aus geflochtenem Knoten.

Plattings

Der Begriff Platting leitet sich von dem alten englischen Verb *to plat* (flechten) her; mit dem Substantiv *a plat* hat es weniger zu tun, denn eine Platting muß nicht flach sein. Sie kann z. B. rund, halbrund oder vierkantig sein, auch kann sie viele verschiedene Muster in ihrer Oberfläche aufweisen.

Auf See werden bestimmte Plattings laufend gebraucht, u. a. als Schutz gegen Verschleiß. Früher wandte man besonders die *einfache Platting* für Zeisinge, Reepknoten, Stopper u. ä.

Bild 91. Die Platting wird mit einem Knebel (z. B. einem Nagel) am Auge des Tampens einer dünnen Leine befestigt. Die Platting kann auf diese Weise dennoch frei bewegt werden. Im Bild wird eine fünffachgeschlagene Kabelgarnplatting hergestellt. Ein neues Garn wird gerade eingelegt – der Daumen der linken Hand hält das Garn zusammen mit dem Tampen des Garns, das gerade zu Ende geht.

an, wo es auf größere Geschmeidigkeit als beim gewöhnlichen Tauwerk ankam. Darüber hinaus konnte man für eine Platting solche Garne ausnutzen, die für andere Zwecke zu kurz waren. Für Schamfilplattings konnte man außerdem häufig altes Garn verwenden.

Die Seeleute, denen für ihr Hobby kaum anderes Material als Garn und Tauwerk zur Verfügung stand, haben zu einer Reihe dekorativer Varianten von Plattings beigetragen, und gerade einige dieser Varianten sollen im folgenden beschrieben werden.

Die normale Herstellungsweise

Bei den meisten Flachplattings muß das einzelne Garn ungefähr 50 % länger als die fertige Platting sein.

Man beginnt die Arbeit, indem man die Tampen der gewünschten Garn- oder Partenzahl mit Hilfe eines Taklings zusammenfaßt. Mit einem kurzen Garnende wird das Ganze an einem festen Gegenstand befestigt. Hat man ein Stück der Platting geflochten, kann diese durch eine praktische kleine Vorrichtung festgehalten werden, die eine schnelle und bequeme Verkürzung der Arbeit zuläßt. Man befestige ein dünnes Ende an dem festen Gegenstand und lege ein Auge in den freien Tampen. In diesem Auge wird die Bucht der Platting mit einem Knebel (z. B. einem Nagel) befestigt. Beim Flechten der laufenden Platting wird diese mit der linken Hand gehalten, wobei der Daumen die ganze

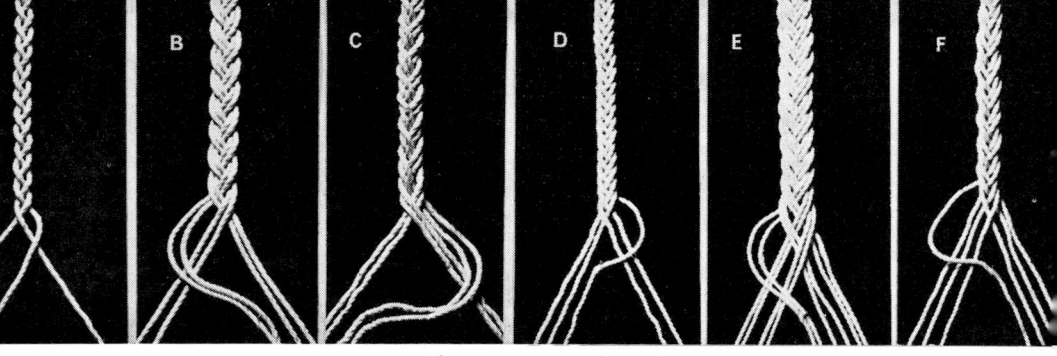

Zeit das zuletzt angebrachte Garn hält, während mit der rechten Hand die anderen Garne gelegt werden.

Man strebe eine feste und gleichmäßige Flechtung an, damit man eine regelmäßige Platting erhält.

Kabelgarnplatting (Bild 91)

Eine grobere Platting (z. B. aus Kabelgarn), die nicht aus vollen Garnlängen angefertigt wird. Die Länge der benutzten Garne soll möglichst nicht mehr als 100 cm betragen, da sie dazu neigen, sich aufzudrehen, lose zu werden und auszufransen.

Aus dem gleichen Grund muß man bei der Kabelgarnplatting in jedes Garn einen halben Törn hineindrehen, wenn es gelegt wird.

Erreicht man das Ende eines Garns, legt man ein neues neben den Tampen ein. Beide Tampen werden einmal zusammengedreht, mit dem linken Daumen gehalten, wobei das nächste Garn über die Verbindung der beiden Tampen gelegt wird.

Man verteile die Länge der Garne so, daß nicht zu viele Stückelungen (Verbindungen) dicht aufeinanderfolgen, da sonst die Stärke der Platting verringert wird.

Hat man die gewünschte Länge geflochten, wird die Platting gut gestreckt; darauf werden alle Garne gekappt. Man kann die Platting eventuell gleichmäßig klopfen, z. B. mit einer Holzkeule.

EINFACHE PLATTING (Bild 92)

Man benutzt am häufigsten eine ungleiche Anzahl von Parten (meistens 5, selten über 7). Die äußerste Part auf jeder Seite wird abwechselnd zur Mitte gelegt — über sämtliche anderen Parten auf derselben Seite. Jede der Parten kann aus einem oder mehreren Garnen bestehen. Das Bild zeigt Plattings für dekorative Zwecke, aus 2 mm Hanfleine hergestellt.

A. Die einfachste dreifachgeschlagene Platting. Das rechte Garn wird über das mittlere Garn geführt und parallel zu dem linken Garn gelegt. Das linke Garn wird über das mittlere Garn gelegt und parallel zum rechten Garn usw.

B. Dreifachgeschlagene einfache Platting aus doppeltem Garn; sie wird fast doppelt so breit wie A und nicht dicker, wenn die zwei Garne in Gruppen (als Parten) parallel gelegt werden, ohne miteinander zusammengedreht zu werden. Diese Platting, die besonders dekorativ ist, kann auch mit drei Garnen in jeder Part hergestellt werden. Noch mehr Garne in jeder Part sind nicht empfehlenswert.

C. Dreifachgeschlagene einfache Platting aus doppeltem Garn, wobei die zwei Garne jeder Part einen halben Törn umeinandergedreht sind, bevor sie geflochten werden. Dieses Verdrehen um einen halben Törn geht natürlich von der Hand. Die Platting wird dicker und schmaler als B.

61

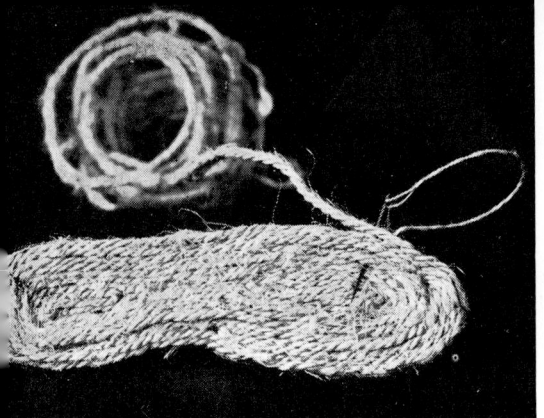

Bild 93. *Schuhsohle aus fünffachgeschlagener Kabelgarnplatting, an den Schmalseiten zusammengenäht. Zur Zeit der Segelschiffe fertigten die Seeleute solche Sohlen selbst an und versahen sie mit einem „Oberleder" aus Segeltuch. Plattingschuhe saugten das Wasser wie ein Schwamm auf und stützten den Fuß nicht, aber gaben auf Deck festen Halt und waren billig.*

Bild 96. *J. Banke Jørgensen hat diese Schuhe nach einem alten finnischen Seemannsbrauch aus der einfachen Platting durch Zusammennähen der Kanten hergestellt.*

Bild 94. *Stropps für einen Dufflecoat aus einer dreifachgeschlagenen Platting, mit einem einzelnen Garn begonnen. Nach der Verbindung zu einem Auge geht es mit doppeltem Garn weiter.*

Bild 95. *Stopper für die Großschot auf einem großen Segler. Ein Ende aus schwerem Tauwerk wird mit Hilfe eines Bändsels zu einem Auge geformt. Die Kardeele werden etwas aufgedreht und zu einer einfachen Platting geflochten. Die Platting ist weit besser als das steife, runde Tauwerk in der Lage, Halt zu finden, wenn sie abstoppen soll.*

D. Fünffachgeschlagene Platting; die äußere Part wird abwechselnd von jeder Seite über die übrigen Parten derselben Seite zur Mitte geführt. Man achte darauf, die Garne gleichmäßig zu strecken. Die Platting wird etwas dicker, jedoch kaum breiter als die entsprechende dreifachgeschlagene Platting.

E. Fünffachgeschlagene einfache Platting aus doppeltem Garn (siehe dreifachgeschlagene Platting aus doppeltem Garn).

F. Siebenfachgeschlagene einfache Platting; sie wird nicht doppelt so breit, sondern ca. doppelt so dick wie die dreifachgeschlagene Platting. Ihre Herstellung entspricht der dreifachgeschlagenen einfachen Platting.

N. B. Theoretisch kann die einfache Platting aus einer unbegrenzten Zahl von Parten hergestellt werden, aber bei mehr als sieben Parten ist sie für praktische Zwecke kaum noch zu gebrauchen.

FRANZÖSISCHE PLATTING
(Bild 97)

Typisch für alle diese flachen Plattings, die aus mindestens vier und theoretisch einer unbegrenzten Zahl von Parten hergestellt werden können (in der Praxis selten über 12), ist eine regelmäßige Diagonalflechtung jeweils über und unter eine Part. Unter einer *Part* sollen ein oder mehrere Garne verstanden werden, die zusammengehören. Es gibt viele schöne Varianten der französischen Platting; legt man die Platting jedoch zu fest, bekommt sie ein u-förmiges Profil.

Man arbeitet mit der Hälfte der Garne in jeder Hand. Bei ungleicher Partenzahl nimmt man eine Part mehr in die linke Hand.

Bei einer ungleichen Anzahl von Parten, z. B. 5, wird zuerst das äußere Garn auf der linken Seite schräg nach unten zur Mitte hin geflochten — über und unter die Garne derselben Seite. Danach wird das äußere Garn der rechten Seite schräg nach unten zur Mitte hin geflochten — über und unter die beiden anderen Garne derselben Seite — usw.

Mit einer gleichen Zahl von Parten

Bild 97. Französische Plattings. A: vierfachgeschlagen, B: vierfachgeschlagen mit doppeltem Garn, das parallel läuft. C: vierfachgeschlagen mit doppeltem Garn, das umeinandergedreht ist. D: vierfachgeschlagen mit dreifachem Garn. E: sechsfachgeschlagen. F: achtfachgeschlagen. G: fünffachgeschlagen mit einfachem Garn. H: fünffachgeschlagen mit doppeltem Garn. I: fünffachgeschlagen mit doppeltem Garn, das außen einen halben Törn umeinander verdreht ist. J: neunfachgeschlagen. K: schräggeflochten siebenfachgeschlagene französische Platting.

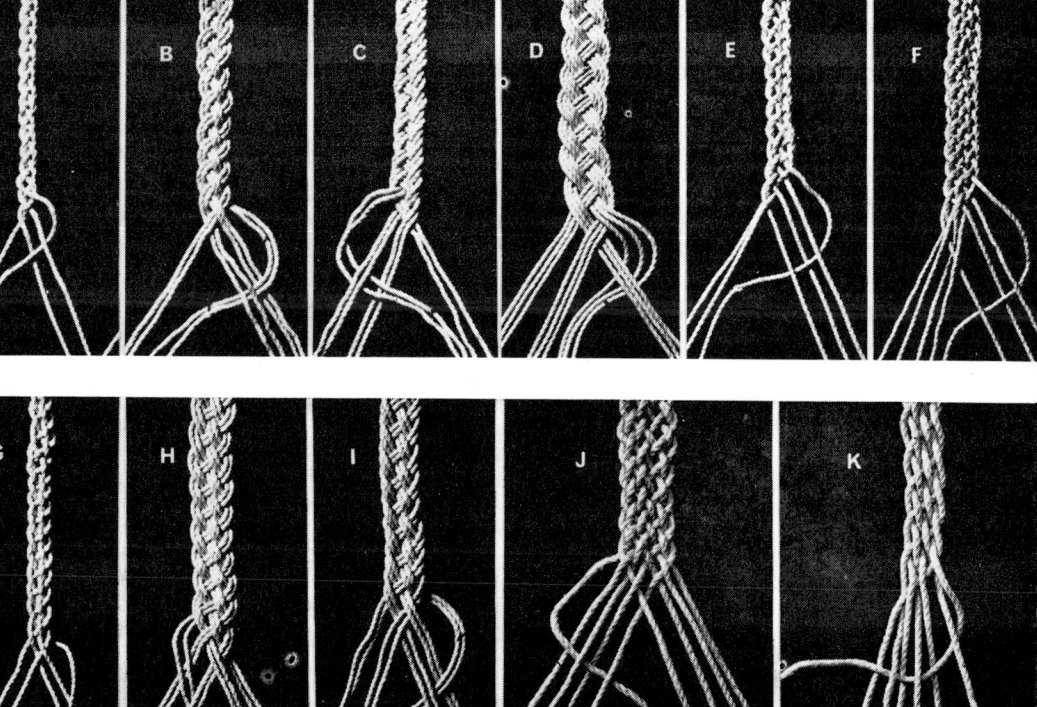

Bild 98. Gitarrengurt, ganz rechts mit einem Auge als Rundplatting mit 4 Parten und einer Reihe Stopperknoten begonnen. Der breite Teil besteht aus 2 Reihen dreifachgeschlagener Platting mit doppeltem Garn, durch einen Zierknoten verbunden. Der Stropp (oben links) ist dreifachgeschlagen aus einfachem Garn.

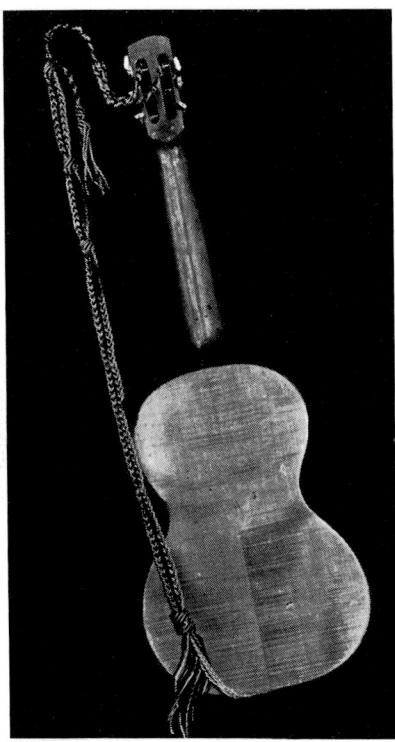

Bild 99. So wird der Gitarrengurt befestigt.

Bild 100. J. Banke Jørgensen hat diesen Bilderrahmen mit einer dreifachgeschlagenen Platting (vierfaches Garn in 2 Farben) verziert. Die Verbindungen sind unter Rosetten versteckt.

wird die Platting etwas unsymmetrisch, weil man von der einen Seite mit dem Flechten unter der Part beginnt.

Schräggeflochtene französische Platting (Bild 97 K)
Diese Platting, die mit unterschiedlicher Partenzahl hergestellt werden kann, entspricht in ihrer Struktur der französischen Platting, unterscheidet sich jedoch im Muster und der Herstellungsweise. Man flicht immer mit dem äußeren Garn von rechts: dies wird unter, über, unter usw. schräg nach links unten geflochten und dann auf die linke Seite gelegt.

Bild 101. A: Gitarrengurt aus dreifachgeschlagener Platting mit dreifachem Garn, am Auge mit einfachen Parten begonnen. Die weißen Garne sind besonders lang und gehen in eine dünne Platting mit Stopperknoten über, durch die eine Einstellung der Länge möglich ist. B: vierfachgeschlagene franzöische Platting aus groben Kardeelen. C: vierfachgeschlagene französische Platting aus doppeltem Garn. D: dreifachgeschlagene einfache Platting aus doppeltem Garn. Wo die Knoten beginnen, wird die Platting mit einfachem Garn weitergeführt. E: Gürtel aus achtfachgeschlagener französischer Platting.

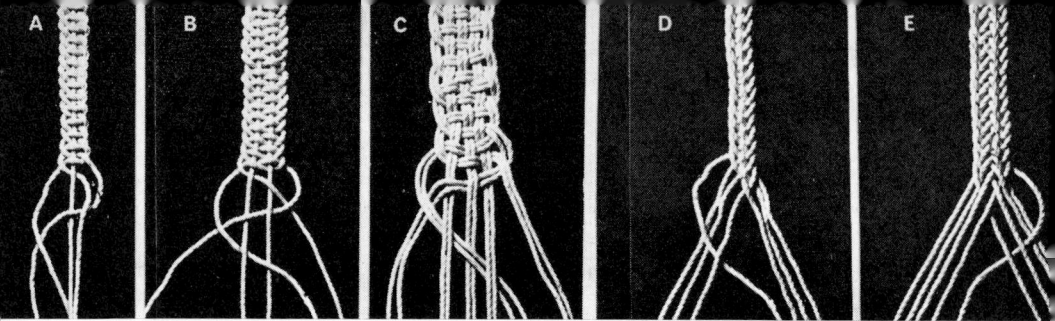

Bild 102. A, B und C: quergeflochtene Platting. D und E: Fischgrätplatting. Siehe Text.

QUERGEFLOCHTENE PLATTING (Bild 102)

Diese Platting wird mit einem oder mehreren festen Grundgarnen (Führungsgarn) hergestellt, die lediglich die Länge der fertigen Arbeit haben müssen. Über dem Grundgarn wird mit drei oder mehreren Parten abwechselnd von links und rechts unter nahezu rechtem Winkel geflochten (Querschlag).

Bild 103. Werkzeugtasche, hergestellt von Kapitän Alfred Raun. Die Tasche trägt als Dekoration Fischgrätplattings. Als Stropp ist die Kronenplatting und türkischer Bund verwendet.

Bei der quergeflochtenen Platting *3 über 1* (A) wird von der einen Seite über den vorigen Querschlag und unter das Führungsgarn geflochten. Von der anderen Seite wird unter den vorigen Querschlag und über das Führungsgarn geflochten. Die Platting, die eine gewisse Ähnlichkeit mit der Flachknotenplatting hat, kann dazu neigen, sich etwas zu verdrehen.

Die quergeflochtene Platting *3 über 2* (B) ist leichter als die vorhergehende herzustellen. Genauso wie bei vielen anderen flachen Plattings mit ungleicher Partenzahl muß hier von beiden Seiten gleich geflochten werden. Das äußere Garn wird zuerst über den vorhergehenden Querschlag geflochten, danach unter und über die 2 Führungsgarne.

Die quergeflochtene Platting *3 über 3* (C) wird im Bild mit doppeltem Garn gezeigt. Man beginnt auf einer Seite und flicht über den vorhergehenden Querschlag. Von der anderen Seite beginnt man die Flechtung unter dem vorhergehenden Querschlag.

FISCHGRÄTPLATTING (Bild 102)

Bei der siebenfachgeschlagenen Fischgrätplatting (D) werden vier Parten in der linken Hand, die übrigen Parten in der rechten Hand gehalten. Die äußere Part auf der linken Seite wird schräg zur Mitte hin über zwei und unter eine Part geflochten. Von der

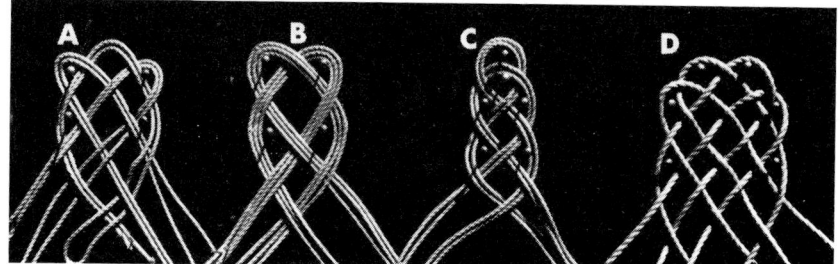

Bild 104. Beispiele für den Anfang von Flachplattings.

anderen Seite her wird genauso geflochten usw.

Bei der neunfachgeschlagenen Platting (E), die ein schönes Fischgrätmuster aufweist, werden die Parten in 5 : 4 aufgeteilt; die äußere Part wird abwechselnd von jeder Seite zur Mitte hin gelegt – über zwei und unter zwei Parten.

FLACHPLATTING
mit Spitze begonnen

Wünscht man einen erkennbaren Anfang einer Platting, z. B. für einen Gürtel mit der üblichen Schnalle, kann man dieselbe Methode wie beim Flechten von Matten anwenden. Hier sollen einige Beispiele gebracht werden. Die Arbeit läßt sich am leichtesten

bewerkstelligen, wenn man die einleitende Flechtung auf eine Unterlage aus weichem Material legt, so daß man die Buchten mit Hilfe von Stecknadeln in ihrer Lage fixieren kann.

Bild 104 zeigt mehrere verschiedene Formen für den Anfang eines Gürtels aus einer Flachplatting.

A. Sechs doppelte Parten.
B. Vier dreifache Parten.
C. Variante mit vier doppelten Parten.
D. Acht Parten.

Bild 105 (a—e) zeigt die stufenweise Entwicklung des Anfangs eines Gürtels mit zehn Parten. Bild 108 (a—e) zeigt die Entwicklung mit 12 Parten. Bild 109 (a—e) zeigt, wie man mit zehn einzelnen Parten beginnt und zu fünf doppelten Parten übergeht.

Bild 105. Beginn eines Plattinggürtels mit 10 Parten.

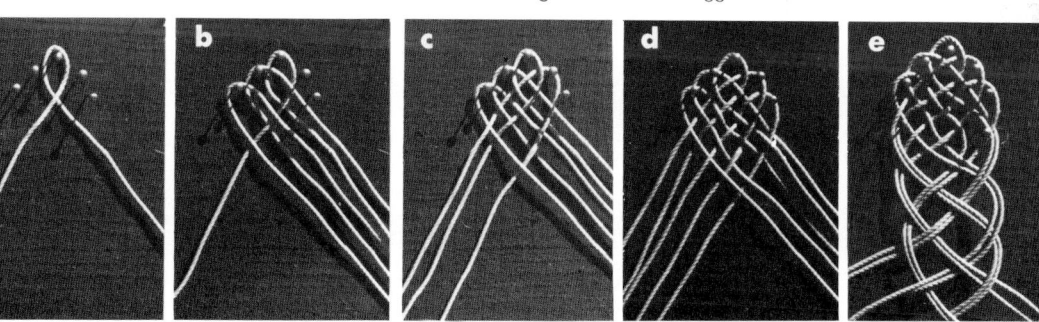

Bild 106. Plattinggürtel mit Schnalle.

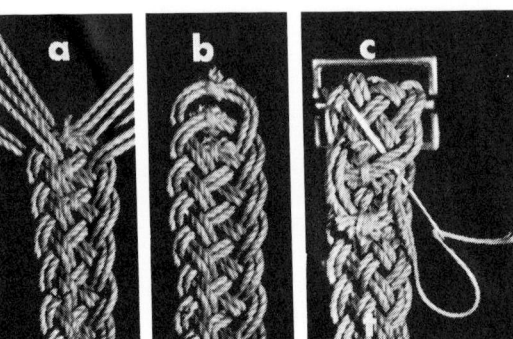

Bild 107. Abschluß eines Plattinggürtels mit Schnalle.

Bild 108. Beginn eines Plattinggürtels mit 12 Parten.

Abschluß für eine Gürtelschnalle (Bild 107)

Als Beispiel ist ein Gürtel aus einer Flachplatting mit sechs doppelten Parten, im Ganzen also 12 Garnen, gewählt. Soll die Arbeit beendet werden, legt man eine Reihe von Würgesteken (A) mit Segelgarn mitten in die Platting, wo die Garne sich jeweils zu zweit überkreuzen. Es handelt sich hier also um drei genau hintereinanderliegende Überkreuzungen, die mit einem Bändsel versehen werden sollen. Danach werden alle Tampen in ca. 3 mm Länge gekappt (B), und der Abschluß wird auf der Rückseite des Gürtels beim Biegen um die Schnalle verborgen. Das umgebogene Stück wird mit Segelgarn (b) an das Vorderstück genäht.

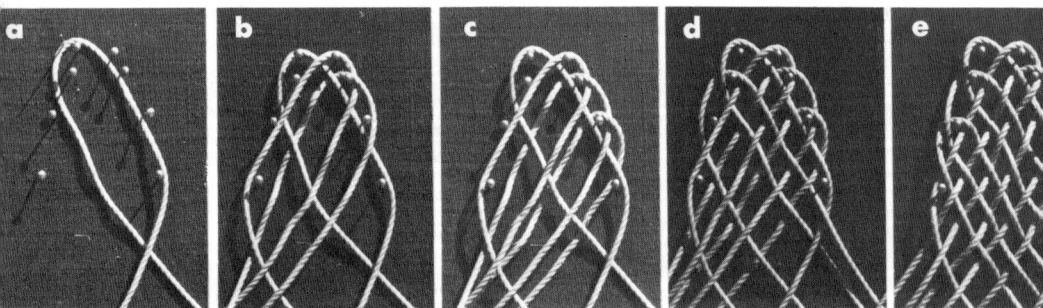

Bild 109. Beginn mit 10 Parten und Übergang zu 5 doppelten Parten.

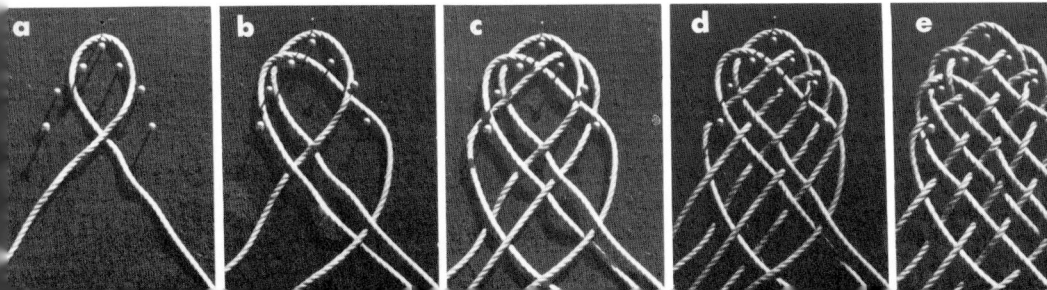

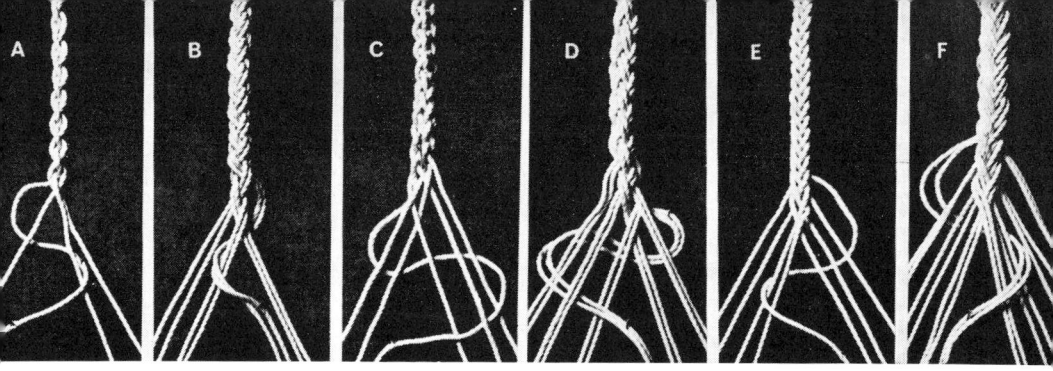

RUND- UND VIERKANTPLATTING

Vierfachgeschlagene Rundplatting (Bild 110 A und B)

Man hält zwei Parten mit jeder Hand. Die äußere Part auf der linken Seite wird hinter den übrigen herumgelegt, zwischen den beiden Parten auf der rechten Seite durchgeführt und zurück zur linken Seite parallel zu der früheren Nebenpart, aber jetzt innen von ihr. Dann wird die äußere Part auf der rechten Seite hinter den anderen Parten herumgelegt, zwischen den beiden Parten auf der linken Seite durchgeführt und zurück nach rechts gelegt usw. Mit doppeltem Garn wird diese Platting schöner und gleichmäßiger rund. Man muß jedoch darauf achten, daß die beiden Garne jederzeit parallel zueinander laufen.

Sechsfachgeschlagene Rundplatting (Bild 110 C und D)

Jede Hand hält drei Parten. Es wird abwechselnd und gleichmäßig mit der äußeren Part auf jeder Seite geflochten. Diese wird ganz hinter den übrigen Parten herumgelegt und zurückgeflochten — über, unter und über die drei Parten.

Bei doppeltem Garn muß man darauf achten, daß sich die beiden Garne in einer Part nicht überschneiden. Mit etwas Übung kann diese Platting ganz nach Belieben rund oder vierkantig gearbeitet werden.

Bild 110. A: vierfachgeschlagene Rundplatting. B: vierfachgeschlagene Rundplatting mit doppeltem Garn. C: sechsfachgeschlagene Rundplatting. D: sechsfachgeschlagene Rundplatting mit doppeltem Garn. E: achtfachgeschlagene Vierkantplatting. F: achtfachgeschlagene Vierkantplatting mit doppeltem Garn.

Bild 111. Links eine Hundeleine aus einer Rundplatting mit 8 Parten. Der Handstropp ist mit 4 Parten begonnen — als „Flachknotenplatting". Der untere Teil ist mit Kreuzkatning gekleedet. Rechts im Bild eine Leine aus Vierkantplatting mit Kronenplatting und türkischem Bund als Abschluß.

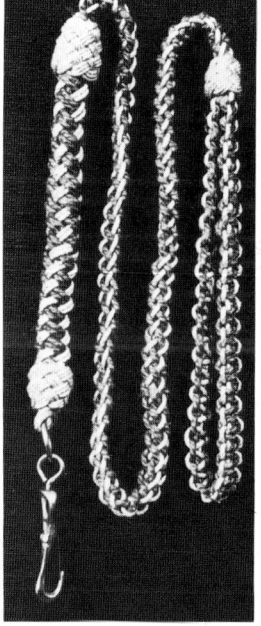

Bild 112. Hundeleine aus sechsfachgeschlagener Rundplatting.

Bild 113. Gürtel aus Rundplatting mit 8 Parten.

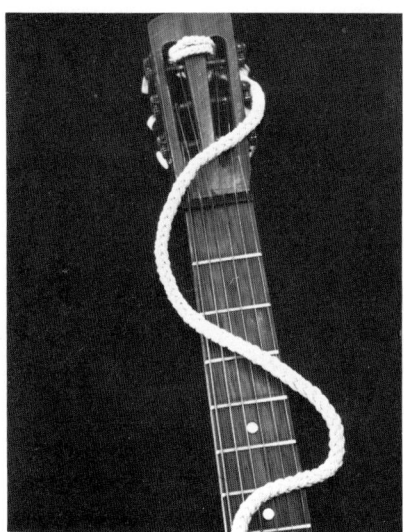

Achtfachgeschlagene Vierkantplatting (Bild 110 E und F)

Dies ist eine der bekanntesten Profilplatting, die u. a. für Dichtungen benutzt wird. Man arbeitet mit vier Parten in jeder Hand. Die äußere Part jeder Seite wird hinter fünf Parten herumgelegt und zwischen den vier Parten auf der entgegengesetzten Seite durchgeführt usw.

Die Vierkantplatting kann auch mit acht Doppelgarnen ausgeführt werden. Hierbei ist es jedoch schwieriger, eine genauso schöne und regelmäßige Platting wie bei einfachem Garn zu erhalten.

Bild 114. Gitarrengurt aus Rundplatting mit 6 doppelten Parten.

Bild 115. Gürtel aus Rundplatting mit 6 doppelten Parten.

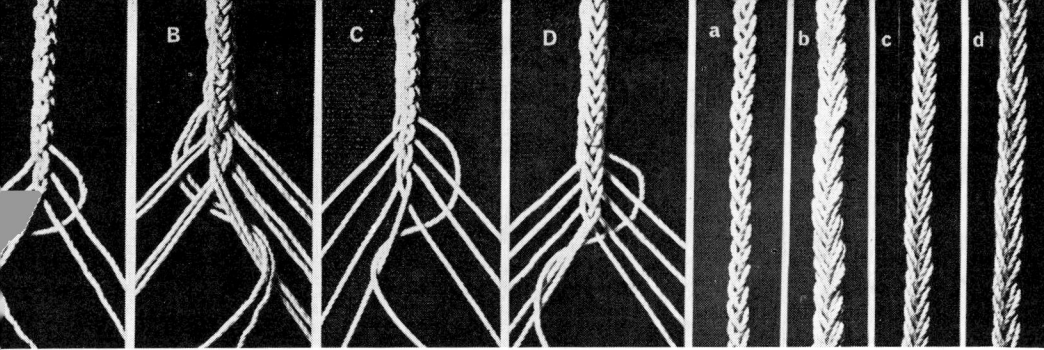

Bild 116. A. Halbrundplatting mit 6 Garnen. B: Halbrundplatting mit 6 doppelten Garnen. C: Halbrundplatting mit 8 Garnen. D: Halbrundplatting mit 10 Garnen. a, b, c und d: Rückseiten der Plattings A, B, C und D.

HALBRUNDPLATTING (Bild 116)

Die Halbrundplatting dient ausschließlich dekorativen Zwecken. Sie wird u. a. zum Verkleiden von Bilderrahmen, zum Einfassen von Matten, Taschen sowie für spiralförmige Bewicklungen und für Serviettenringe benutzt.

Am häufigsten wird sie mit sechs Parten ausgeführt: die äußere Part einer Seite wird hinter drei Parten herumgelegt, nach vorne durchgeführt und zurück in ihre ursprüngliche Richtung gelegt usw.

Bei acht Parten wird die äußere Part einer Seite hinter vier Parten herumgelegt, nach vorne durchgeführt und in ihre ursprüngliche Richtung gelegt usw.

Bei zehn Parten wird die äußere Part

Bild 117. Bilderrahmen aus Halbrundplatting (angeleimt), durch einen türkischen Bund verbunden.

Bild 118. Gürtel aus Halbrundplatting mit 6 Parten, begonnen beim Auge als einfache Platting mit 3 Parten.

Bild 119. Kettenplatting mit doppeltem Garn als Handstropp an einem Handgriff. Der Handgriff selbst ist mit Kreuzkatning gekleedet.

einer Seite hinter sechs Parten herumgelegt, nach vorne durchgeführt und in ihre ursprüngliche Richtung gelegt.

KETTENPLATTING (Bild 121)

Eine der am leichtesten auszuführenden Form der Platting, die in bestimmten Varianten auch als Kettenstek bezeichnet wird. Einige Varianten sind für dekorative Zwecke geeignet, hier soll aber nur die Grundform gezeigt werden.

Die Kettenplatting (oder Kettenstek) kann u. a. benutzt werden, wenn schnell ein Ende verkürzt werden oder

aber ein kurzes dickes Tau aus dünnerem Garn hergestellt werden soll, ohne daß es dabei auf erhöhte Festigkeit ankommt.

A. Der Tampen wird befestigt, ein Auge wird gelegt.

B. Daumen und Zeigefinger der linken Hand ergreifen die Bucht, welche die rechte Hand hinter der festen Part herumführt.

C. Die Bucht wird durch das Auge geholt.

D. Die rechte Hand hält die arbeitende Part etwas zurück, während die linke Hand die Bucht durchzieht (vorzugsweise an der festen Part), bevor sie zu einem Knoten festgezogen wird.

E. Der Vorgang wird wiederholt. Die linke Hand greift durch das neugebildete Auge die neue Bucht, die von der rechten Hand nach vorn geführt wird.

F. Soll die Platting beendet werden, wird nicht die Bucht, sondern der Tampen des Garns durch das Auge geführt und festgezogen.

G. Wird die Kettenplatting als Kettenstek zur Verkürzung eines langen Endes gebraucht, werden die Augen nicht zusammengezogen. Je größer die Augen, desto schneller die Verkürzung. Ob man die Augen länger oder kürzer macht — das fertige Produkt wird in jedem Falle weniger als ein Drittel der ursprünglichen Garnlänge aufweisen.

H. Die Kettenplatting kann aus doppeltem Garn oder mehreren Parten hergestellt werden, es ist dann jedoch recht schwierig, eine regelmäßige Form zu erreichen.

Bild 120. Das Marlspiekerbändsel ist eine Kettenplatting. Das stumpfe Ende des Marlspiekers ist mit einem türkischen Bund verziert.

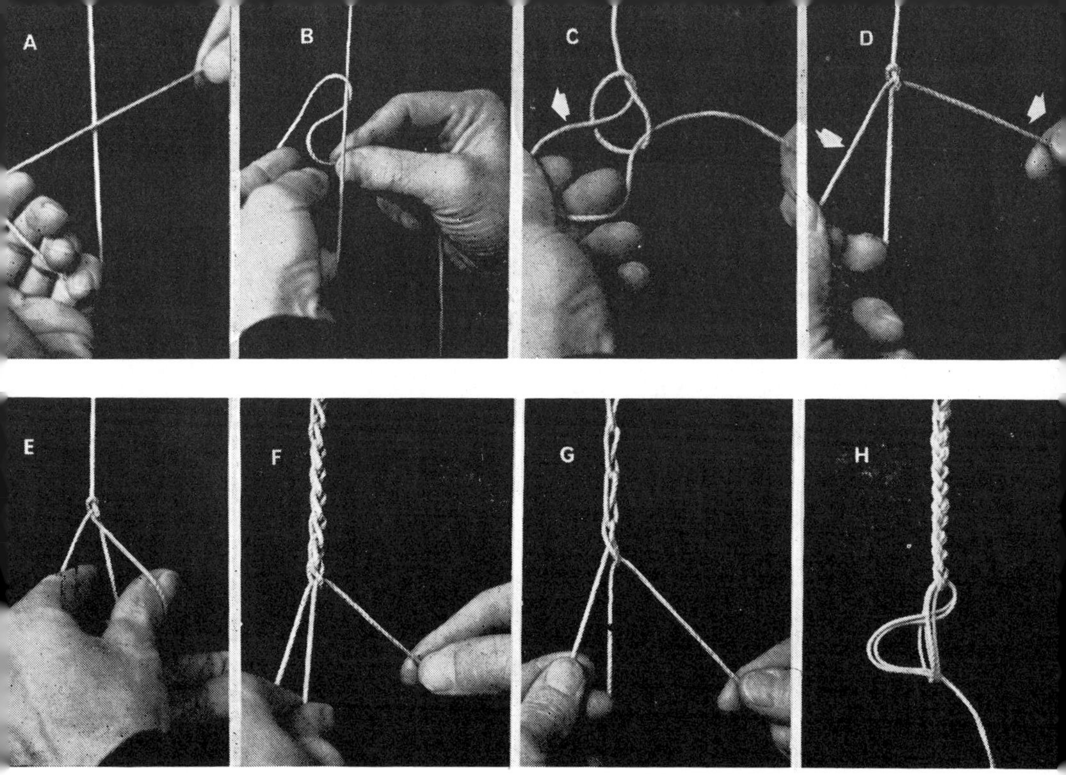

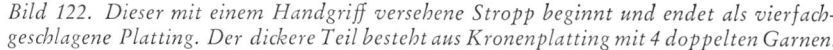

Bild 121. Kettenplatting.

KRONENPLATTING (Bild 124)

Diese Platting ist aus einem einfachen Zierknoten, der Krone, entwickelt und wird als eine Reihe von Kronen hergestellt.

Als Platting kann sie rund oder vierkantig ausgeführt werden; man benutzt im allgemeinen drei oder vier Parten, die einfach oder doppelt sein können.

Geht man über 4 Parten hinaus, spricht man eher von einem Kronenkatning als von einer Platting.

In Bild 124 werden einige Varianten gezeigt, und eine davon wird einge-

Bild 122. Dieser mit einem Handgriff versehene Stropp beginnt und endet als vierfachgeschlagene Platting. Der dickere Teil besteht aus Kronenplatting mit 4 doppelten Garnen.

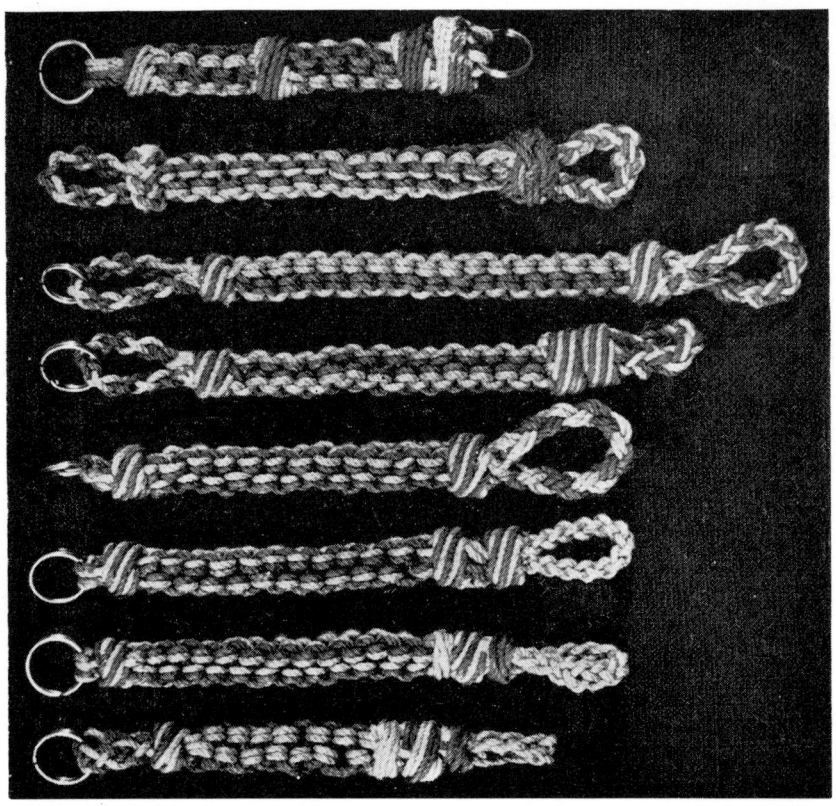

Bild 123. Schlüsselanhänger und Handgriffe aus Kronenplatting. Verschiedene Möglichkeiten mit 4 dunklen und 4 hellen Garnen.

hender beschrieben. In den Bildern der oberen Reihe ist das untere Ende der Platting im rechten Winkel zum Betrachter hin gebogen, so daß man den Querschnitt gut erkennen kann.

A. Gewöhnliche linksgeschlagene Kronenplatting, mit 4 Parten und ohne Kalb ausgeführt. Benutzt man kein Kalb oder Herz, bleibt die Platting elastisch. Alle Kronen sind in derselben Richtung gesteckt; dadurch ergibt sich eine runde Platting mit Spiralmuster.

B. Dies ist eine rechtsgeschlagene runde Platting ohne Kalb, mit doppeltem Garn ausgeführt. Man beachte, daß die Spiralen bei diesem Muster in entgegengesetzter Richtung wie bei der linksgeschlagenen Platting verlaufen.

C. Linksgeschlagene Kronenplatting mit doppeltem Garn und einem Kalb aus einem einzelnen kräftigen Mittelgarn. Das Kalb bzw. Herz kann auch aus mehreren dünnen Garnen bestehen. Diese Platting besitzt wegen ihres Mittelgarns keine Elastizität.

D und E. Während die drei vorigen Plattings einen runden Querschnitt besaßen, ist dies eine vierkantige Kronenplatting (ohne Kalb). Der vierkantige Querschnitt wird dadurch erzielt, daß die Kronen abwechselnd nach links (D) und nach rechts (E) gesteckt

Bild 124. Rund- und Vierkantkronen-
platting. Siehe Text.

werden. Die im Bild gezeigte wechselnde Kronenplatting hat kein Kalb.
Bild 124 F—J zeigt, wie man eine
linksgeschlagene Krone mit doppeltem
Garn steckt — die erste Hälfte des
Verfahrens zur Herstellung einer
wechselnden Kronenplatting.
F. Die erste Part (doppeltes Garn)
wird innen am folgenden Garn vorbei
nach links mit soviel Lose gelegt, daß
es eine kleine Bucht bildet. Der linke
Daumen hält die Garne fest.
G. Die Part, an der die Garne soeben
innen vorbei gelegt werden, wird im
rechten Winkel innen an der folgenden
Part vorbei gelegt, weiter unter der

ersten Part hindurch und dann steif
geholt. Der linke Daumen greift nach
unten und hält die neue Part fest.
H. Die dritte Part wird jetzt nach
links stramm über die zweite Part gelegt.
I. Die vierte Part wird über die dritte
Part gelegt und durch die Bucht der
ersten Part geführt.
J. Die vierte Part wird steif geholt
und vom Daumen festgehalten, während die erste Part festgezogen wird.
Darauf steckt man eine rechtsgeschlagene Krone in entgegengesetzter Richtung und fährt abwechselnd mit links-
und rechtsgeschlagenen Kronen fort.

Bild 125. Die am häufigsten benutzte Methode zur Herstellung der Tausendfüßlerplatting.

TAUSENDFÜSSLERPLATTING

Die amerikanischen Seeleute kennen diese Platting unter dem Namen Eisenbahnplatting *(railway sennit)*, weil sie

Bild 126. Runde Decksmatte, mit Tausendfüßlerplatting eingefaßt.

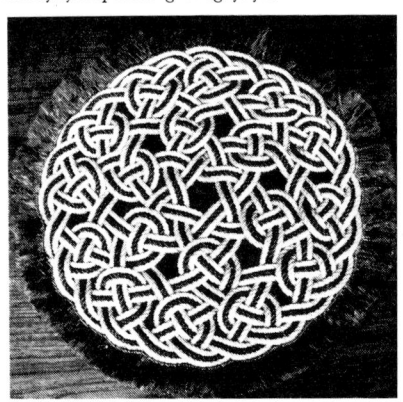

normalerweise auf zwei parallel zueinander verlaufenden Grundgarnen aufgebaut wird. Auf skandinavischen Schiffen wird sie auch *gespickte Platting* oder *Läuseplatting* genannt. Diese besondere Form der Platting wurde sehr häufig auf Segelschiffen benutzt; heute findet man sie noch bei größern Sportsegelbooten. Sie wird u. a. fest um Drahttauwerk bei einem Stahlrigg gewickelt, um die Segel gegen Verschleiß zu schützen.

Die Tausendfüßlerplatting mit kurzer Wolle kann in Reihen liegend zu Matten zusammengenäht werden. Mit ihr kann man geflochtene Tauwerksmatten einfassen; es gibt besonders heute noch viele Möglichkeiten, sie für dekorative Zwecke in Kombination mit anderen Tauwerksarbeiten zu verwenden (siehe unter *Tauwerksfiguren*).

76

Das Material zum *Spicken* ist kurzes Kabelgarn oder ähnliches (z. B. Abfall bei anderen Tauwerksarbeiten). Die Länge des Garns hängt von der späteren Verwendung der Platting ab. Es werden zwei Grundgarne benutzt — entweder Kabelgarn, Seemannsgarn oder Marlleine. Die beiden Garne werden dicht Seite an Seite ausgespannt und stramm gehalten.

Zum Einsetzen der Spickgarne werden die Grundgarne mit Hilfe eines Speilers etwas auseinander gespreizt (siehe Bild 125).

Das kurze Garn wird — eines oder zwei auf einmal — mit der Bucht nach unten um beide Grundgarne herumgelegt. Die Tampen werden von jeder Seite in den Zwischenraum der Garne gesteckt. Dann werden sie zu den anderen Garnen geschoben und fest an diese gedrückt.

Bild 128. Die Baumdirks dieses Schoners sind mit Tausendfüßlerplatting bewickelt, um die Segel vor Verschleiß zu schützen.

Bild 127. Tausendfüßlerplatting als Bewicklung von Drahttauwerk.

Bild 129. Fockstag und Vorstengenstag dieses Vollschiffes sind mit Tausendfüßlerplatting umwickelt, um die Rahsegel vor Verschleiß zu schützen.

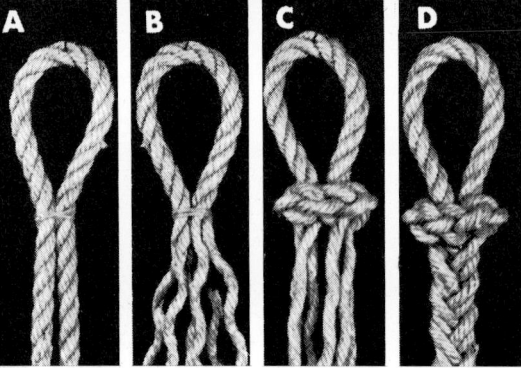

Bild 130. Kardeelarbeit (Platting), mit einem Auge angefangen.

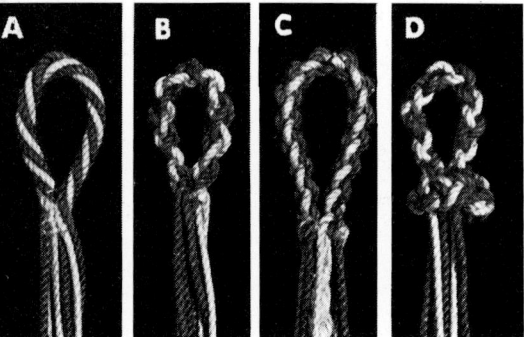

Bild 131. Platting, mit einem Auge angefangen.

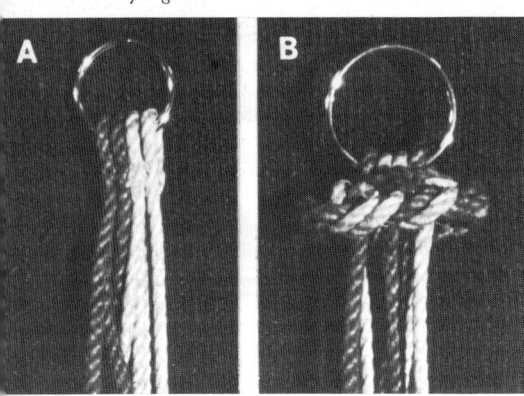

Bild 132. Platting, mit einem Ring begonnen.

Bild 133. Platting mit „Seele" und Ring.

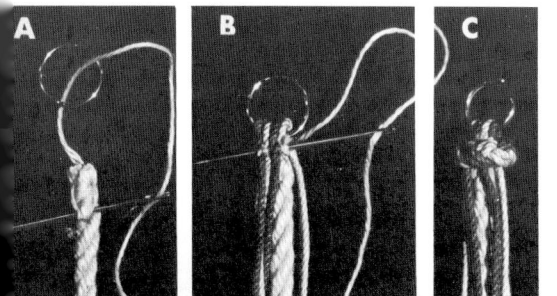

PLATTING, MIT EINEM AUGE BEGONNEN

Die hier gezeigten Methoden können In Verbindung mit einer Kausch angewendet werden; man findet sie zum Teil auch bei dünnen Kleedungen bei einem Katning oder einer Bewicklung. Bild 130 zeigt den klassischen Übergang von gewöhnlichem Tauwerk über einen Zierknoten zu Platting, Katning oder Bewicklung.

A. Das Tauwerk wird zu einem Auge gelegt und durch ein Bändsel gehalten. Man kann je nach Verwendung eine Spitzkausch einsetzen.

B. Die Kardeele werden aufgedreht.

C. Mit den Kardeelen legt man einen Zierknoten über das Bändsel. Nun geht es mit der Platting weiter.

Bild 131 zeigt die traditionelle Methode, bei der man keine Kardeele, sondern dünnes Garn benutzt.

A. Hier werden acht Garne benutzt (vier doppelte Garne). Auf der Länge des Auges sind die Garne zusammengedreht (vierfachgeschlagen). Mit einem genähten Bändsel wird das Auge in der gewünschten Größe gehalten. Auch hier kann man je nach Verwendung eine Spitzkausch einsetzen.

B. Variante von A, bei der die vier Garne zu einer Rundplatting geflochten sind.

C. Variante von B. Gleichzeitig mit dem Bändsel wird ein Kalb aus einer 8 mm-Leine eingenäht.

D. Mit den acht Garnen wird ein Zierknoten geschlagen, der die Verbindung verdeckt. — Danach kann die eigentliche Arbeit beginnen.

N. B. Die Abbildungen B, C und D zeigen gleichzeitig verschiedene Kombinationen mit farbigem Garn.

Beginn mit einem eingesetzten Ring

In Bild 132 sind vier doppelte Garne durch einen kleinen Schlüsselring geführt und mit einem untergenähten Bändsel festgesetzt (A). Darauf wird ein Zierknoten gesetzt (B).

In Bild 133 soll die Platting einen Grundstamm haben, der im Bild mit einem genähten Takling versehen ist; der Schlüsselring ist vorläufig mit einem Stich befestigt (A). Darauf werden die Garne zur Platting durch den Ring gelegt und mit einem untergenähten Bändsel festgesetzt (B). Darüber setzt man einen Zierknoten (C).

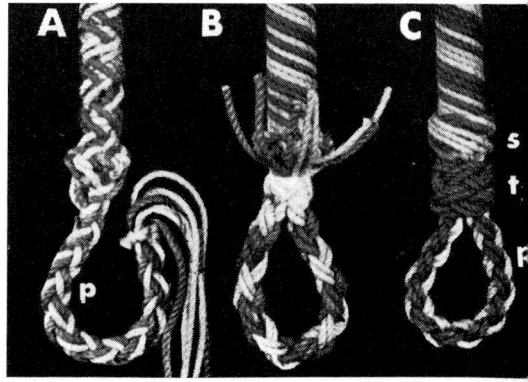

PLATTING,
MIT EINEM AUGE ALS ABSCHLUSS

Am häufigsten findet man Bändsel oder Taklinge, mit denen das abschließende Auge festgesetzt wird. Beide müssen aber sehr stramm gesetzt werden, wenn sie Zugbeanspruchung ausgesetzt werden sollen.

Bild 134 verdeutlicht den Gebrauch eines Taklings:

A. Eine Kleedung mit 8 Parten schließt mit einem Zierknoten ab; es folgt ein kurzes Stück Rundplatting (p), das behelfsmäßig durch einen kleinen Takling zusammengehalten wird.

B. Die Platting wird zu einem Auge gelegt und mit einem soliden genähten Takling gleich unter dem Zierknoten befestigt.

C. Der Takling wird durch einen türkischen Bund verdeckt (t). Der Zierknoten darüber (s) ist ein Schauermannsknoten.

D. Variante von A. Nach dem Legen zum Auge werden die Tampen mit einer Nadel einmal durch die Flechtung am Anfang der Platting gezogen.

E. Variante von B. Hier ist ein Takling aufgesetzt und zusätzlich bewickelt, so daß ein Wulst entsteht.

F. Variante von E. Der türkische Bund

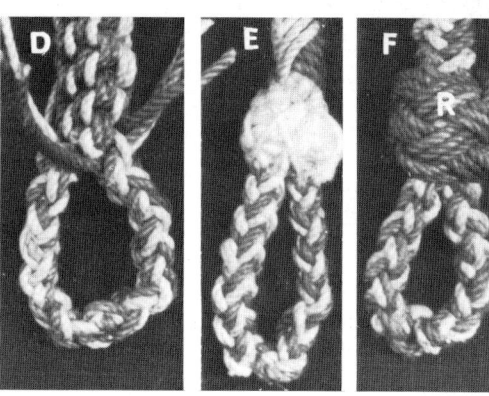

Bild 134. Abschluß mit Takling.

Bild 135. Abschluß mit Auge und Zierknoten.

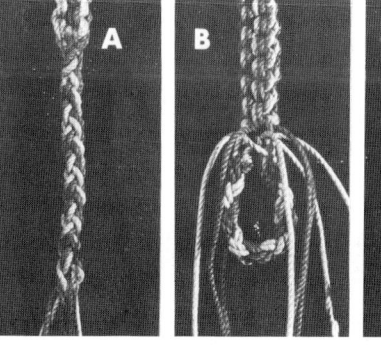

79

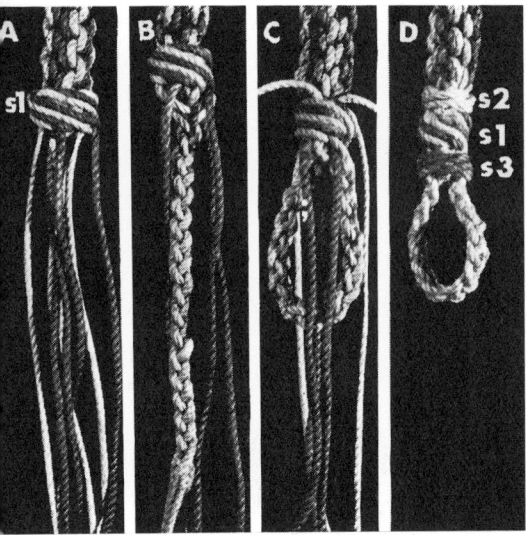

Bild 136. Abschluß mit Auge und mehreren Knoten.

wird voller, wenn man ihn über einem Wulst anbringt.

Bild 135 zeigt eine Methode zur Bildung eines Auges mit einem Zierknoten — solider als die Verwendung eines Taklings.

A. Die Kleedung mit 8 Parten schließt mit einem vollen Schauermannsknoten ab. Es folgt ein Stück Rundplatting.

B. Die Rundplatting wird zu einem Auge gelegt, und die acht Tampen werden mit einer Nadel so durch die Flechtarbeit gezogen, daß jeder in seinem Zwischenraum herauskommt.

C. Mit den Tampen legt man einen

vollen Schauermannsknoten. — Das Ganze hält unter Garantie.

In Bild 136 wird eine Variante des Bildes 135 vorgeführt, die vielleicht noch häufiger benutzt wird.

A. Die Kleedung mit 8 Garnen schließt mit einem vollen Schauermannsknoten ab (s 1).

B. Mit der Hälfte der Garne (den hellen) wird ein Stück Rundplatting geflochten. Die 4 dunklen Garne bleiben in Reserve.

C. Die Platting wird zu einem Auge gelegt, die 4 Tampen zieht man mit einer Nadel nach oben durch den Schauermannsknoten. Man beachte das helle Garn, das über dem Knoten herauskommt.

D. Mit den 4 hellen Garnen legt man einen vollen Schauermannsknoten (s 2) über den großen (s 1); mit den verbleibenden 4 Garnen legt man denselben Knoten (s 3) unter s 1.

Bild 137 zeigt, wie ein festes Auge durch Verspleißen von 2 Plattings hergestellt wird.

A. Eine Kleedung mit 8 Garnen wird von einem genähten Takling festgehalten; darauf flicht man 2 kurze Rundplattings — jede aus 4 Garnen.

B. Die Garne dieser beiden Plattings werden wie beim Anfang des Kurzspleißes zusammengefügt und durch ein Bändsel gehalten.

C. Die Garne von rechts werden jetzt nach links in die Platting geflochten, wobei jedes der hellen Garne unmittel-

Bild 137. Abschluß mit Augspleiß in der Platting.

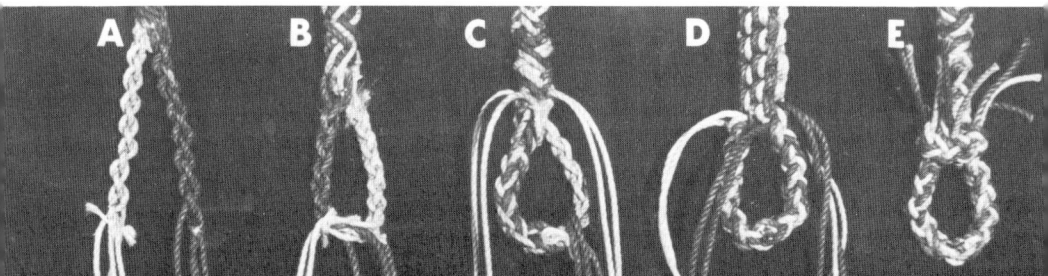

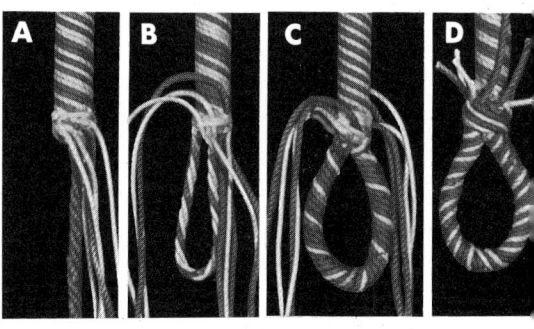

bar einem der dunklen Garne nach
oben bis zum Anfang der Platting
folgt.

D. Die Garne von links werden in
gleicher Weise nach rechts geflochten;
alle 8 Tampen kommen kreisförmig
wieder heraus.

E. Mit allen 8 Garnen legt man einen
Zierknoten; die Tampen können gekappt werden.

Bild 138 zeigt die Herstellung eines
Auges durch Bewicklung.

A. Eine Kleedung mit 8 Garnen wird
durch einen Takling gestoppt. Drei der
Garne werden zu einer kurzen Leine
zusammengedreht, die später das *Kalb*
in der dickeren Leine bilden soll.

B. Die zusammengedrehten Garne
werden zu einem Auge gelegt. Die 3
Tampen werden durch einen Takling
gehalten.

C. Die restlichen 5 Garne werden auf
der gegenüberliegenden Seite um das
Kalb herumgedreht; die Tampen werden mit den anderen drei Tampen
durch einen Takling festgesetzt.

D. Mit allen 8 Garnen legt man einen
vollen Schauermannsknoten.

DAS ZUSAMMENFÜGEN DER PLATTING ZU EINEM RING (Bild 139)

Als Beispiel ist ein Serviettenring aus
einer Kronenplatting mit 8 Parten gewählt.

Auf dem mittleren Bild erkennt man,
wie die Parten mit einem untergenähten Takling festgesetzt werden.

Hat man zuviele Parten, um einen
Zierknoten herzustellen, kappt man
die überzähligen Parten dicht am Takling; es ist ratsam, sie zusätzlich mit
einem Tropfen Leim zu sichern.

Zum Schluß legt man einen Zierknoten, der die Verbindungsstelle verdeckt. Hier wird ein voller Schauermannsknoten mit 8 Parten benutzt.

Bild 139. Verbinden der Platting zu einem Ring.

*Bild 140. Serviettenringe aus verschiedenen Plattings, durch verschiedene Zierknoten
verbunden.*

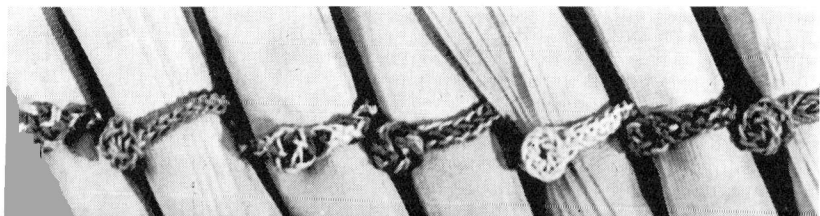

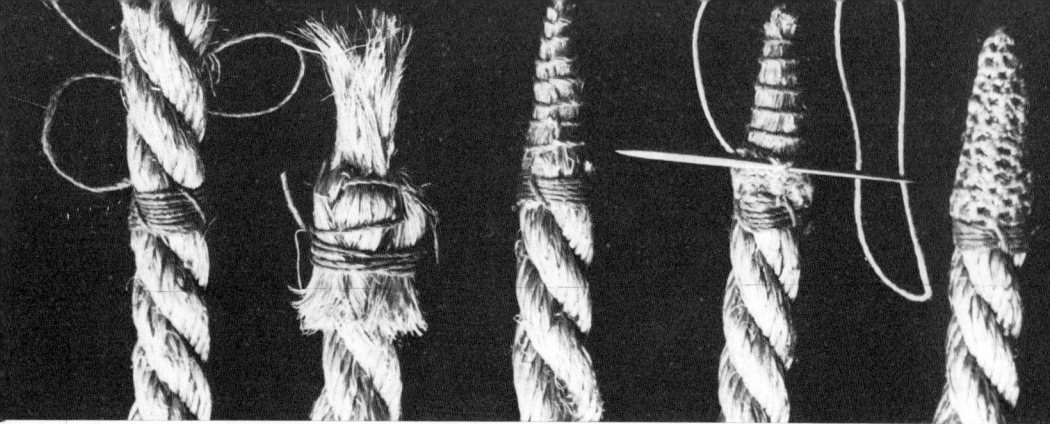

Bild 141. Übliche Herstellung eines Katnings auf dem Tampen einer Trosse (cross pointing). In der Praxis ist der Katning allerdings länger als hier gezeigt (siehe Bild 194 A). Man setzt einen genähten Takling auf, dreht die Kardeele auf und biegt das äußere Garn zurück. Das mittlere Garn wird kräftig verjüngt. Das äußere Garn wird wieder in seine ursprüngliche Lage zurückgelegt und mit Hilfe von Marlschlägen zu einer festen Spitze zusammengefaßt (siehe Bild 236 G). Zum Schluß wird der Katning gelegt.

Katning

Katning (amerikanisch *pointing, coach-whipping*) ist eine seemännische Bezeichnung für bestimmte Methoden zum Kleeden von Gegenständen (mit vorzugsweise zylindrischem Querschnitt) mit Garn oder dünner Leine. Auf dänischen Schiffen wurde ein Katning vor allem dazu benutzt, ein Ende mit einem festen, zugespitzten Tampen zu versehen (amerikanisch *rope pointing*). Bestimmte Formen des Katnings wurden auch zur Herstellung von Fendern und Matten gegen Verschleiß verwendet.

KATNINGS MIT EINFACHER PART

Einige der folgenden Katnings werden von dänischen Seeleuten sehr häufig benutzt. Sie sind verhältnismäßig leicht anzufertigen, da eine einzelne Part verwendet wird, mit der halbe Schläge oder Rundtörns ausgeführt werden, die ineinandergreifen. Beim Arbeiten mit dünnem Garn gebraucht man u. U. eine Sacknadel.

Anfang

Ganz gleich, ob man einen Halbschlag- oder Rundtörnkatning benutzt, beginnt man in der Regel mit einem Ring aus Garn oder Leine. Dieser kann ein ganz selbständiger, unabhängiger Ring sein, z. B. ein Grummetstropp (siehe Bild 182), um den man eine erste Reihe von halben Schlägen oder Rundtörns legt.

Der einfachste Anfang besteht darin, daß man 2 Rundtörns mit dem Arbeitsgarn legt, wobei sich die Tampen bekneifen; darauf beginnt man den Katning um die beiden Rundtörns herum.

Bild 142. Offener Halbschlagkatning.

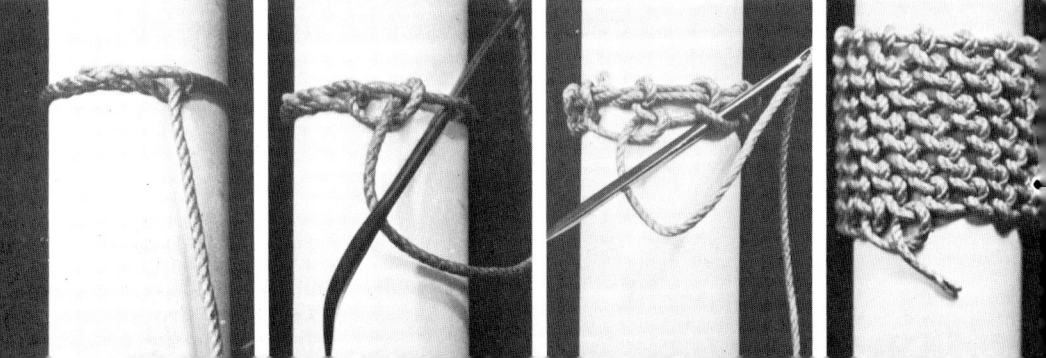

Am elegantesten geht man bei der Verwendung von dickem Garn vor, wenn man aus dem Arbeitsgarn einen Ring in der genauen Größe bildet und einen Kontraspleiß (verkehrter Augspleiß) ausführt (siehe Bild 11).

Bei dünnerem Garn ist es ratsam, einen kleinen einfachen Augspleiß auf dem einen Tampen des Arbeitsgarns anzufertigen und den anderen Tampen wie einen Lasso durch das Auge zu führen (siehe z. B. Bild 142).

Die Länge des Arbeitsgarns

Es lohnt sich selten, mit einem Garn zu arbeiten, daß länger als 4—5 m ist. Selbst mit viel Routine wird die Arbeit bei längerem Garn durch Kinken verzögert.

Man arbeitet schneller und leichter mit kürzerem Garn und verlängert das Garn einmal zwischendurch.

Dünnes Garn verlängert man durch Bekneifen des Tampens am verbrauchten Garn unter dem neuen Garntampen. Der Tampen des neuen Garns wird bekniffen, indem man ihn unter die bereits durchgeführte Kleedung näht, so daß die Verlängerung nicht im Muster sichtbar wird.

Dickes Garn wird durch Längsspleißen verlängert (siehe Bild 12).

Zunehmende und abnehmende Breite

Wenn die Breite des zu kleedenden Gegenstandes zunimmt und man ständig nur einen halben Schlag oder einen Rundtörn durch jede Bucht der vorhergehenden Reihe legt, wird der Katning mehr und mehr offen werden.

Dies kann bei geeignetem Untergrund eine dekorative Wirkung hervorbringen.

Bevorzugt man dagegen einen dichten Katning, muß die Zahl der halben Schläge oder Rundtörns bei breiter

Bild 143. Große Bugfender, mit dem offenen Halbschlagkatning gekleedet. Der Fender links ist auf seiner Außenseite mit kurzen Kardeelen aus Kokostauwerk „gespickt".

werdendem Gegenstand erhöht werden. Dies geschieht z. B. so, daß man 2 halbe Schläge oder Rundtörns durch jede Bucht legt (oder nach Bedarf durch jede zweite oder dritte Bucht). In gleicher Weise kann bei abnehmender Breite die Zahl der halben Schläge oder Rundtörns vermindert werden, indem man einige Buchten überspringt. Dies ist besonders dann wichtig, wenn ein flaches Stück, z. B. der Boden eines Gegenstandes, gekleedet werden soll (siehe Bild 146 und 152). Am häufigsten beginnt man auf dem Umfang und arbeitet sich zum Centrum hin, wobei man bei jeder Runde die Anzahl der halben Schläge verringert.

6*

Bild 144. Linksgeschlagener offener Halb-schlagkatning.

Bild 145. Abschluß am Boden. Der Tam-pen wird zwischen den Kardeelen der nächsten Bucht bekniffen.

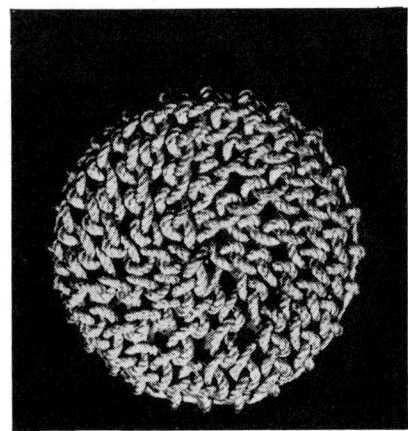

Bild 146. Deckel (ein flacher Korken), mit dem offenen Halbschlagkatning gekleedet. Nach der Fertigstellung wird der Kat-ning mit Leim festgesetzt.

Abschluß eines Katnings mit einzelner Part

Am einfachsten — aber auch am we-nigsten haltbar — ist es, den letzten Tampen unter dem bereits geflochte-nen Garn zu verbergen. Will man

Bild 147. Links im Bild der offene Halb-schlagkatning, mit 8 Knoten in jeder Runde begonnen und späterem Übergang zu 16 und 32 halben Schlägen pro Runde. In der Mitte des Unterteils folgt ein Strei-fen mit linksgeschlagenem offenen Halb-schlagkatning. Das mittlere Bild zeigt den offenen Halbschlagkatning mit 10 halben Schlägen in jeder Runde. Der Lampen-schirm ist als geschlossene Halbschlag-katning über ein Skelett ausgeführt. Das rechte Bild zeigt den geschlossenen Halb-schlagkatning (siehe Seite 89 u. Bild 159).

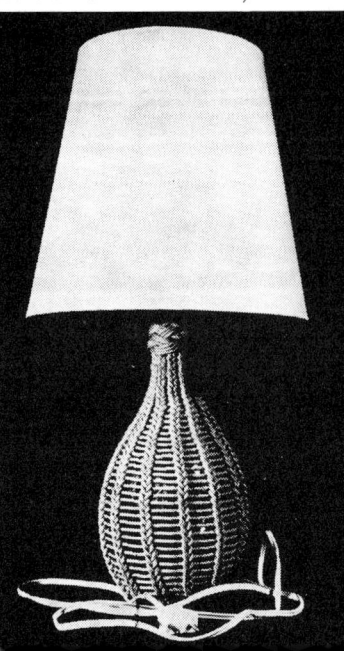

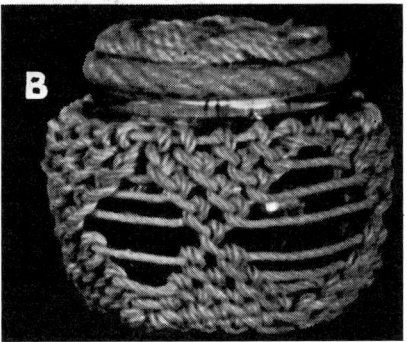

Bild 148. A: Hier wird gezeigt, wie die Tendenz des rechts- und linksgeschlagenen halben Schlages, sich nach rechts bzw. links zu ziehen, ausgenutzt wird. Mitten auf der Überkreuzung treffen sie sich in einem Lerchenkopf (Troensekatning). B: Das Muster des rechtsgeschlagenen Halbschlagkatnings.

sicher gehen, daß der Tampen ordentlich fest sitzt, sollte man ihn zuerst mit Hilfe einer Nadel zwischen die Kardeele in einer Bucht führen, so daß der Tampen bekniffen wird (siehe Bild 145 und 159). Man kann den Tampen zusätzlich mit einem Tropfen Leim sichern.

Eleganter und seemännischer ist es (besonders bei dickerem Garn), den Tampen mit einem Augspleiß an der nächsten Bucht festzusetzen.

OFFENER HALBSCHLAGKATNING (Bild 142)

Der Beginn eines offenen Halbschlagkatnings aus 2 mm starkem Hanfgarn wird im Bild vorgeführt. Im linken Bild wird das Arbeitsgarn als *Lasso* in einem Ring um den zu kleedenden Gegenstand gelegt. Auf dem folgenden Bild wird der erste halbe Schlag um den Ring gelegt, und die Sacknadel führt gerade das Garn um den Ring herum zum nächsten halben Schlag.

Im dritten Bild ist die erste Reihe von halben Schlägen um den Gegenstand herumgelegt, und von jetzt ab werden die halben Schläge durch die Buchten der obenliegenden Reihe gelegt.

Das vierte Bild zeigt die Struktur des einfachen offenen Halbschlagkatnings.

Rechts- oder linksgeschlagen

In Bild 142 ganz rechts erkennt man, daß die halben Schläge Reihe für Reihe ein wenig nach rechts gegenüber den jeweils darüber liegenden halben Schlägen verschoben sind. Dies wird als rechtsgeschlagener Halbschlagkatning

bezeichnet. Man findet ihn u. a. auch in Bild 147 (mittleres Bild) und Bild 152. Legt man die halben Schläge dagegen in entgegengesetzter Richtung (der Tampen des Garns wird von links nach rechts geführt), erhält man einen linksgeschlagenen Halbschlagkatning,

Bild 149. Offener Halbschlagkatning aus einem dunklen und einem hellen Garn. Man legt erst eine Runde mit dem einen Garn und folgt dabei mit dem anderen. Der Henkel ist mit dem Kronenkatning gekleedet. *Modell: Alfred Raun*

Bild 150. Flaschenöffner, mit dem Troensekatning gekleedet.
Modell: J. Banke Jørgensen

Bild 151. Korb für eine gekühlte Schnaps- oder Milchflasche, als Troensekatning ausgeführt. Der Henkel ist ein Kardeelstropp, seine Steifigkeit wird durch Lackieren erzielt.

wie es z. B. in Bild 144 gezeigt wird. Mit diesen beiden Versionen hat man mithin die Möglichkeit, ein Muster aus schrägen Linien in zwei Richtungen herzustellen. Waagerechte Linien ergeben sich durch die untereinander liegenden Reihen von halben Schlägen von selbst; wie man senkrechte Linien erhält, wird im folgenden beschrieben:

Troensekatning
(Troense: dänische Hafenstadt auf Taasinge)
Dieser Katning ist eine Version des offenen Halbschlagkatnings; man legt die halben Schläge in Gruppen zu zweit, viert oder sechst usw. Die linke

Bild 152. Obstkorb aus offenem Halbschlagkatning, über dem Boden eines großen Kessels geformt. Die Formbeständigkeit wird durch Tischlerleim und darauffolgendes Lackieren erreicht.

Bild 153. Diese Weihnachtskörbe (über dem Boden eines Glases geformt und anschließend durch Lackieren behandelt) bestehen aus einer Kombination von rechts- und linksgeschlagenem Halbschlagkatning. Die Henkel bestehen aus verschiedenen Plattings.

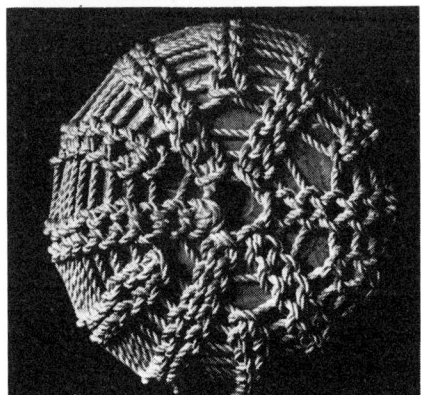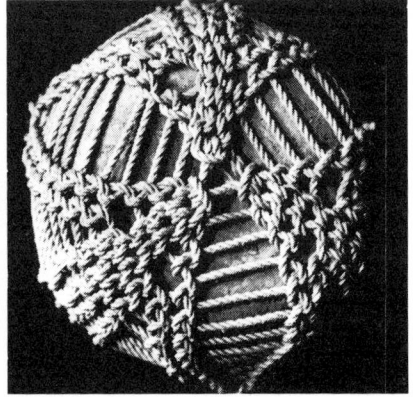

Bild 154. Diese Tragkörbe für Blumenschalen aus 3¹/₂ mm Hanfleine können nach Behandlung mit Leim und Lack auch als Obstschalen verwendet werden. Hier sind sie an einer Kettenplatting aus dem gleichen Material aufgehängt. Im unteren Bild sind die Körbe von unten gezeigt: links ein reiner Troensekatning, rechts Kombinationen aus rechts- und linksgeschlagenem Halbschlagkatning.

Hälfte der Gruppe muß aus rechtsgeschlagenen, die rechte Hälfte aus linksgeschlagenen halben Schlägen bestehen.

Bei 2 halben Schlägen in einer Gruppe (ein rechts- und ein linksgeschlagener) bildet diese Gruppe eigentlich einen Lerchenkopf, bei dem sich die beiden halben Schläge aneinander*lehnen*. Beispiele für den Troensekatning findet man in Bild 150, 151 und 154.

Kombination des offenen Halbschlagkatnings

Durch Anwendung von rechts- und linksgeschlagenen Halbschlagkatnings sowie des Troensekatnings kann man der Struktur die gewünschte Richtung

geben und das Muster der Arbeit bestimmen. Siehe z. B. Bild 148 oben, Bild 153 und 154.

Offener Halbschlagkatning über Mitläufer

Im Gegensatz zum einfachen offenen Halbschlagkatning werden die halben Schläge hier gleichzeitig um ein Grundgarn herum gelegt, welches gestreckt gelegt wird und zum Ausfüllen beiträgt. Bild 155 zeigt diesen Katning, dessen Arbeitsgarn und Mitläufer gleiche Stärke haben (siehe Bildtext). Den Gebrauch des Mitläufers findet man u. a. beim Kleeden runder Fender, es werden hierbei häufig die Kardeele von gebrauchtem Tauwerk verwendet.

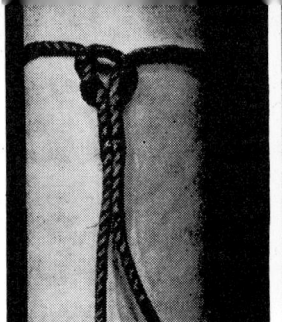
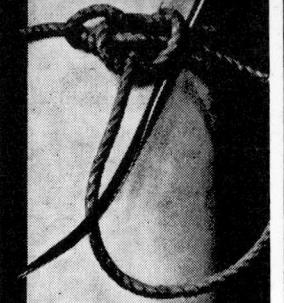

Bild 155. Offener Halbschlagkatning über einem Mitläufer kann wie im linken Bild angefangen werden. Man legt einen halben Schlag mitten in das Garn und legt dieses in einem Ring um den zu kleedenden Gegenstand. Der Tampen der arbeitenden Part wird durch den Knoten geführt. Der Mitläufer wird nach rechts über das Arbeitsgarn hinweg gestreckt; mit dem Arbeitsgarn legt man einen halben Schlag sowohl um Mitläufer als auch um die obenliegende Part. Rechts im Bild der Katning, von rechts nach links ausgeführt.

GESCHLOSSENER
HALBSCHLAGKATNING
(Bild 156—162)

Die Arbeitsweise ist ähnlich wie beim offenen Halbschlagkatning, jedoch ergibt dieser Katning eine andere Struktur: ein senkrechtes Muster aus dicken Streifen, deren Anzahl und gegenseitiger Abstand nach Belieben variiert werden können.
Bild 162 zeigt den Beginn, der genau

dem des offenen Halbschlagkatnings entsprechen kann (vergleiche mit Bild 142). Im linken Bild ist um den zu kleedenden Gegenstand ein *Lasso* mit mit dem Arbeitsgarn gelegt.
Im mittleren Bild ist eine Runde einfacher halber Schläge um den Ring gelegt, die 2. Runde ist angefangen. Die Nadel mit dem Garn wird nicht wie in Bild 142 durch die Bucht, son-

Bild 157. Das Kleeden runder Bugfender mit dem Halbschlagkatning über Mitläufer. Das Material: Kardeele alter Trossen. Werkzeug: ein Marlspieker mit großem Auge.

Bild 156. Diese Blumenübertöpfe sind mit rechts- bzw. linksgeschlagenem Halbschlagkatning über Mitläufer gekleedet.

 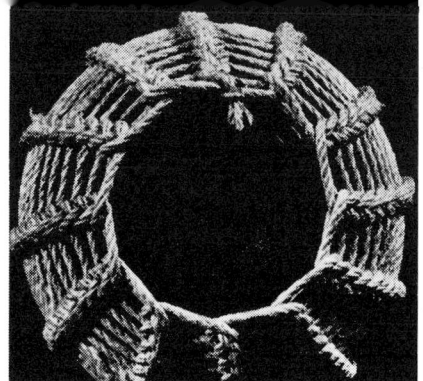

Bild 158. Tabaksdose, mit geschlossenem Halbschlagkatning gekleedet.

Bild 159. Lampensockel aus Bild 147 rechts, von unten gesehen.

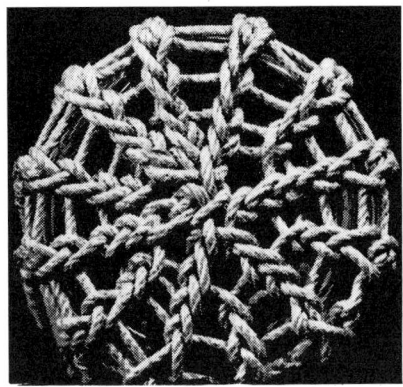

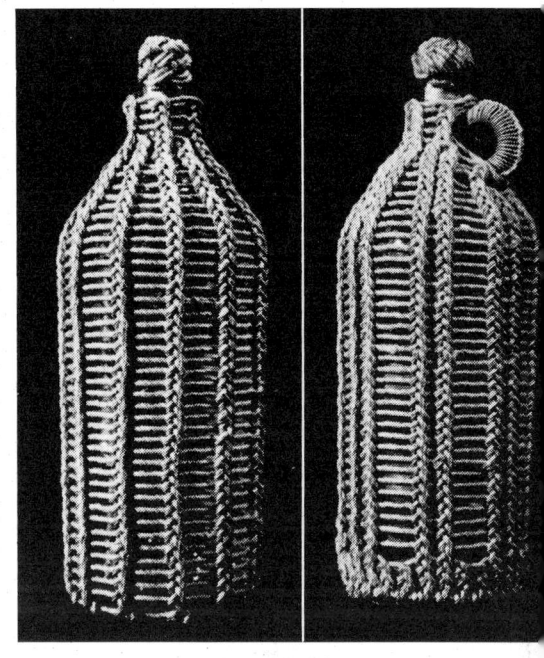

Bild 160. Rosette aus geschlossenem Halbschlagkatning (Boden der Kruke aus Bild 161 links).

Bild 161. Die Kleedung mit dem geschlossenen Halbschlagkatning wird hier am Übergang zum Boden begonnen und am Hals beendet. Danach werden die Kruken am Boden vom Rand zur Mitte hin gekleedet; als Beispiel siehe Bild 160.

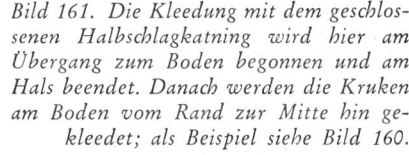

Bild 162. Geschlossener Halbschlagkatning. Siehe Text.

 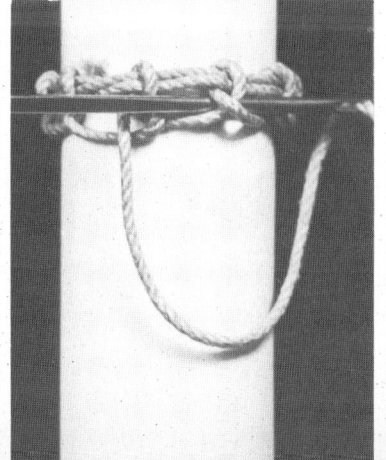 

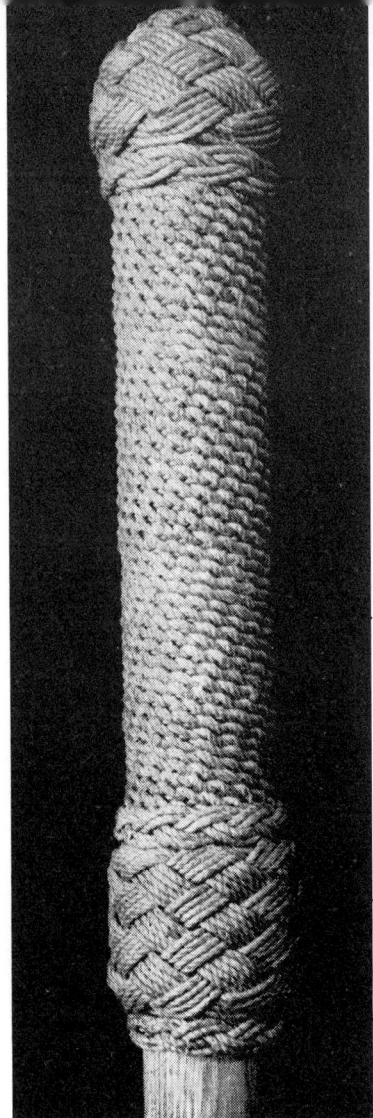

*Bild 163. Mit dem Rundtörnkatning ge-
kleedete Ruderpinne. Der Anfang und
Abschluß sind durch einen türkischen Bund
verdeckt.*

dern hinter beiden Parten der darüber-
liegenden halben Schläge herumgeführt
(Kreuzung).
Es bereitet keine Schwierigkeiten, diesen Katning fest anliegend auszufüh-
ren. Im Hinblick auf die angestrebte
Gleichmäßigkeit muß man darauf
achten, daß die halben Schläge nicht
zu dicht aneinander liegen und nicht
zu steif geholt werden.

RUNDTÖRNKATNING (Bild 163–166)

Auch dieser Katning — der einfachste
von allen — wird mit einem einzelnen langen Garn unter Verwendung
einer Sacknadel hergestellt. Der Anfang geht wie beim Halbschlagkatning
vor sich (siehe Bild 142 links).
Bild 166 zeigt den Anfang mit einem
Ring aus dem Arbeitsgarn. Im linken
Bild wird der erste Rundtörn um den
Ring gelegt, und die Nadel führt das
Garn unter den Ring zum nächsten
Rundtörn.
Hat man die erste Runde beendet, geht
man bei den folgenden Runden so vor,
daß man die Rundtörns durch die untere Bucht der Törns legt, die oben
liegen.
Verwendet man den Rundtörnkatning
zum Kleeden eines glatten, konischen
Gegenstandes, ist es ratsam, am dünnen Ende zu beginnen, weil der Katning von Natur aus dazu neigt, sich
zu diesem Ende hinzuziehen; er liegt
dann fester.

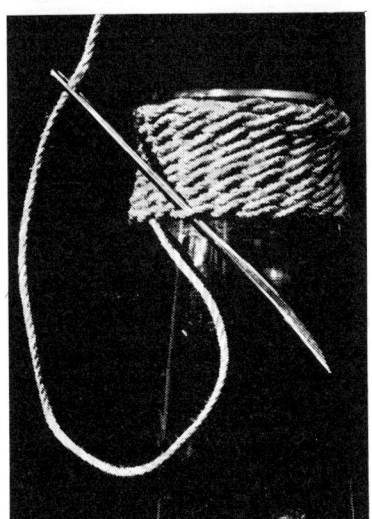

*Bild 164. Überhand-Rundtörnkatning,
von links nach rechts ausgeführt; er hat
dieselbe Struktur wie der in entgegengesetzter Richtung ausgeführte Unterhand-Rundtörnkatning.*

Bild 165. Der Rundtörnkatning auf einem glatten, bauchigen Gegenstand neigt dazu, zum dünneren Ende zu rutschen und sich in der Mitte zu öffnen (siehe linkes Gefäß).

Überhand-Rundtörnkatning

Bild 166 (Mitte) zeigt die Struktur eines Katnings, bei dem die Rundtörns von oben nach unten gelegt und mit der rechten Hand ausgeführt sind. Dies wird als *überhand* bezeichnet.

Unterhand-Rundtörnkatning

Im Bild 166 (rechts) sind die Rundtörns von unten nach oben mit der rechten Hand ausgeführt. Dies wird als *unterhand* bezeichnet.

Dieselbe Struktur erzielt man, wenn

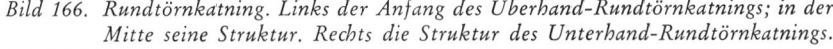

Bild 166. Rundtörnkatning. Links der Anfang des Überhand-Rundtörnkatnings; in der Mitte seine Struktur. Rechts die Struktur des Unterhand-Rundtörnkatnings.

mit der linken Hand gearbeitet und die Nadel von oben nach unten geführt wird (siehe Bild 164).

Der Unterhand-Rundtörnkatning neigt dazu, sich sehr fest zusammenzuziehen. Daher dürfen die Törns nicht zu fest gelegt werden. Bei der *Unterhand*-Ausführung hat das Garn die Neigung, sich aufzudrehen; man muß darum bei jedem *Einstecken* einen Törn in das Garn drehen.

KATNINGS
MIT MEHREREN PARTEN

Bei diesen Katnings, die durch Flechten, Weben, halbe Schläge oder Rundtörns ausgeführt werden, werden oft Anfang und Abschluß der Arbeit durch einen Zierknoten oder eine andere geeignete Weise verdeckt.

Das Festsetzen der Parten zu Beginn der Arbeit kann mit einem Takling vorgenommen werden. In vielen Fällen können die Parten aber auch als Doppelgarn mit dem Lerchenkopf um einen Ring aus Tauwerk angebracht werden. Ein derartiger Anfang der Arbeit kann sehr dekorativ sein und braucht nicht immer verdeckt zu werden.

KRONENKATNING (Bild 169 u. 173)

Dieser Katning ist so populär gewesen, daß er früher unter dem Namen *einfacher Katning* am bekanntesten war. Er ist dem Kronenknoten und der

Bild 167. Werkzeugtasche mit Tragegurten aus Vierkantplatting; der Handgriff ist mit dem Kronenkatning gekleedet.

Bild 168. Rechtsgeschlagener, linksgeschlagener und wechselnder Kronenkatning, aus 4 dunklen und 4 hellen Garnen hergestellt.

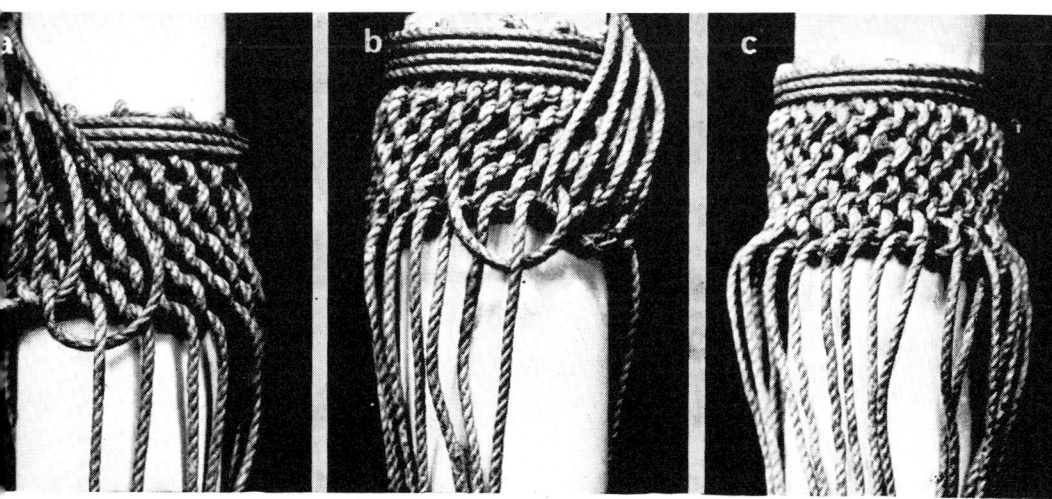

Bild 169. Von links nach rechts die Struktur des rechtsgeschlagenen, linksgeschlagenen und wechselnden Kronenkatnings.

Kronenplatting sehr verwandt. Aus einem dünnen Kern und wenigen, verhältnismäßig dicken Arbeitsgarnen hergestellt, wird dieser Katning als *Platting* bezeichnet. Ist der Kern dagegen relativ dick und soll mit vielen verhältnismäßig dünnen Garnen gekleedet werden, spricht man von einem *Katning*.

Der Kronenkatning besteht aus einer fortlaufenden Reihe *Kronen,* die über- oder untereinander gelegt werden. Man benutzt einen Satz parallel angebrachter dünner Arbeitsgarne, die normalerweise mit einem Zwischenraum gelegt werden, der der Stärke des Garns entspricht. Beim *offenen* Katning macht man den Zwischenraum größer.

Man kann nach Belieben von unten nach oben oder umgekehrt arbeiten. Normalerweise ist es am bequemsten, die Kronen nach unten zu legen; meistens wird auch von links nach rechts gearbeitet.

Bild 170. Der senkrechte Schaft der Lampe ist mit dem wechselnden Kronenkatning gekleedet, der Fuß mit dem geschlossenen Halbschlagkatning (siehe Bild 180). Der Tauwerksfender im rechten Bild ist aus rechtsgeschlagenem Kronenkatning um einen Kern aus altem Tauwerk herum hergestellt.

Bild 171. Detail an einer besonders auf-
wendigen Werkzeugtasche, deren Hand-
stropps mit dem Kronenkatning geklee-
det sind. Modell: Alfred Raun.

Einfacher Kronenkatning (Bild 173)

Die 4 Arbeitsgarne sind in ihrer Reihenfolge von links nach rechts mit 1
bis 4 gekennzeichnet.

A. Nr. 1 wird unter Nr. 2 hindurchgeführt und stramm nach oben gelegt;
der Mittelfinger der linken Hand hält
es in seiner Lage. Daumen und Zeigefinger der linken Hand halten Garn
Nr. 2 stramm nach unten. Die rechte
Hand hält Garn Nr. 3.

B. Mit der rechten Hand wird Garn
Nr. 3 über Nr. 2 hinweggelegt.

Bild 172. Glockenstränge, mit rechts-
geschlagenem Kronenkatning aus halb
dunklem, halb hellem Garn gekleedet.
Modell: Alfred Raun

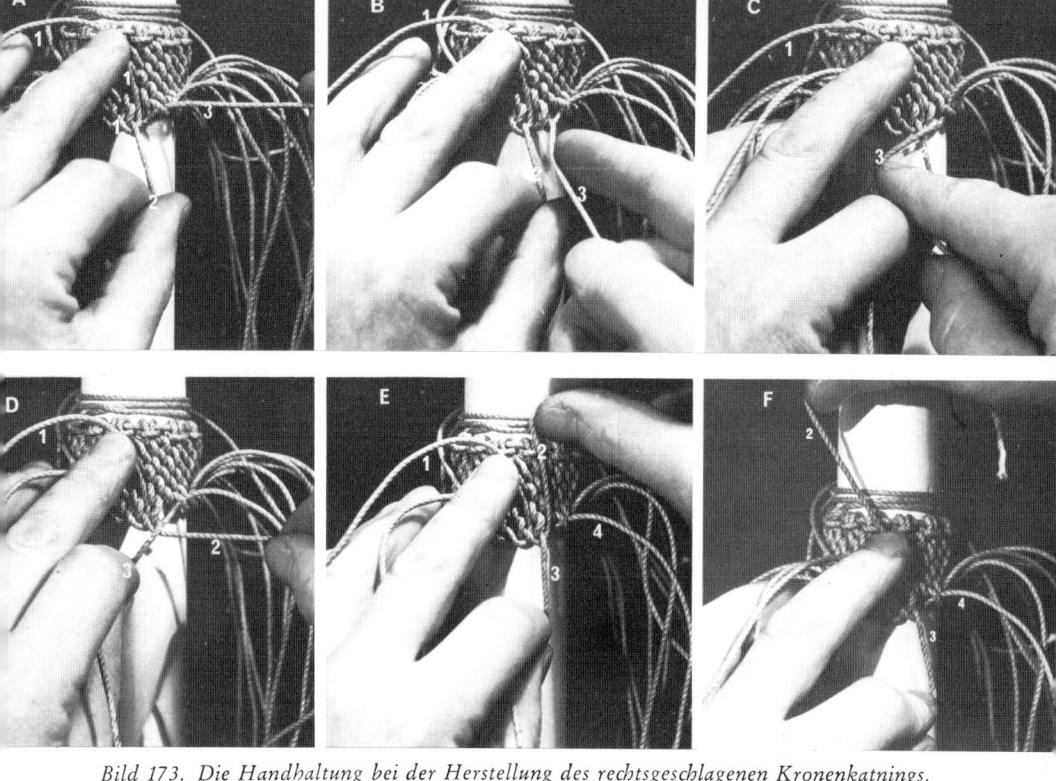

Bild 173. Die Handhaltung bei der Herstellung des rechtsgeschlagenen Kronenkatnings.
Siehe Text.

C. Garn Nr. 3 wird fest über Nr. 2 gelegt und vom Zeigefinger der rechten Hand vorübergehend festgehalten.

D. Die Finger wechseln; Daumen und Zeigefinger der linken Hand halten Garn Nr. 3 stramm nach unten, während die rechte Hand Garn Nr. 2 stramm nach rechts heraus führt.

E. Daumen und Zeigefinger der linken Hand halten Garn Nr. 3 straff nach unten. Garn Nr. 2 wird von der rechten Hand stramm nach oben gedrückt.

F. Der Mittelfinger der linken Hand, der die ganze Zeit Garn Nr. 1 festgehalten hat, wechselt jetzt nach Garn Nr. 2 über; so wird die rechte Hand frei, die jetzt mit Garn Nr. 4 den Prozeß fortsetzt.

Geschlossene oder fortlaufende Krone

Hat man das *Kronen* einmal um den Kern herum durchgeführt, kann man die Reihe schließen, indem man das letzte Garn durch die Bucht des ersten Garns führt und steif holt. Darauf wird ein neuer Kranz oder eine neue Krone begonnen. Man kann beim einfachen Kronenkatning auch mit einer Spirale weitermachen, ohne die Krone zu schließen.

Wechselnder Kronenkatning (Bild 169c)

Legt man abwechselnd eine rechtsgeschlagene und eine linksgeschlagene Krone von Reihe zu Reihe, erzielt man ein noch interessanteres kettenähnliches Muster; es ist zudem einfacher, dieses Muster gleichmäßig und fest herzustellen, als wenn man die ganze Zeit in gleicher Richtung Kronen legt. In diesem Falle ist es natürlich notwendig, die Krone nach jeder Runde zu schließen.

95

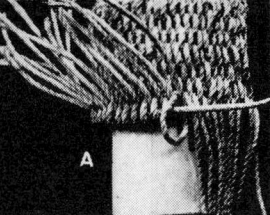

Bild 174. Varianten des Rippenkatnings. Siehe Text.

RIPPENKATNING (Bild 174)

Diese Form der Kleedung — sie ist ziemlich kompakt — ergibt ein mehr oder weniger ausgeprägtes Muster aus quer verlaufenden Rippen.

Der Katning ist über einem langen Läufer aufgebaut, um den man Rundtörns oder halbe Schläge mit einer Anzahl parallel angebrachter Garne (Führungsgarne) legt.

Will man einfache Rundtörns oder einfache halbe Schläge mit diesem Garn ausführen, muß seine Länge das drei- bis vierfache der Kleedung betragen. Bei zwei Rundtörns oder zwei halben Schlägen mit jedem Garn muß die Garnlänge ca. das Siebenfache der fertigen Arbeit betragen.

Rippenkatning mit Überhand-Rundtörn (Bild 174 A und Bild 176 A)

Die Struktur erinnert etwas an den Kronenkatning, ist aber aus doppelt

so dickem Gut. Das Muster ist außerdem schöner, es erinnert an Schlangenhaut.

Die losen Garne (Führungsgarne) sollten so dicht gelegt werden, daß sie die ganze Arbeit bedecken. Der Tampen des Grundgarns wird am Beginn der Arbeit befestigt, der andere Tampen wird nach rechts heraus an irgendeinem Gegenstand befestigt, so daß er leicht stramm gezogen werden kann. Kann die letztgenannte Befestigungsart nicht angewendet werden, hält man den Läufer mit der rechten Hand straff nach rechts heraus.

Die Rundtörns legt man mit Daumen und Zeigefinger der rechten Hand. Die linke Hand hilft dabei und holt danach die Garne steif; sie hält darüber hinaus die Arbeit fest.

In den Rundtörns wird das Garn nach unten über zwei und nach oben unter eine Part des Grundgarns gebracht.

Bild 175. Rippenkatning mit Überhand-Rundtörns, mit jedem zweiten Garn ausgeführt.

Variante des Rippenkatnings mit Überhand-Rundtörn (Bild 174 B und Bild 175)

Als Beispiel für die Variationsmöglichkeiten bei diesem Katning wird gezeigt, wie man mit jedem zweiten Führungsgarn Überhand-Rundtörns legen kann. Im Rundtörn wird das Garn nach unten über drei und nach oben unter eine Part des Läufers geführt. Man beachte genau zwei Dinge: Die Törns müssen mit dem richtigen Garn (obere Reihe) gelegt werden, weiterhin achte man darauf, daß jeder Törn an seinem richtigen Platz im Muster liegt, wenn er festgezogen wird.

Bild 176. A: Gewöhnlicher Überhand-Rundtörn um ein besonders schweres Grundgarn. B: Mit jedem zweiten Garn wird ein Überhand-Rundtörn gelegt, mit jedem zweiten Garn ein Überhand-Halbschlag. C: Überhand-Rundtörns mit einem Grundgarn von zunehmender Breite bis zur Gefäßmitte; danach nimmt die Breite des Grundgarns wieder ab. D: Hier wird zwischen Überhand-Rundtörns und Unterhand-Halbschlägen abgewechselt.

Rippenkatning
mit Unterhand-Rundtörn (Bild 174 C)

Man erzielt ein sehr markantes Muster und eine dicke Kleedung von ungefähr dem Vierfachen der benutzten Garnstärke. Beim Unterhand-Katning ist es nicht unbedingt notwendig, daß die Führungsgarne dicht zusammenliegen. Mehr darüber im folgenden.

Der Läufer, der nicht aus zu weichem Garn sein darf, wird straff nach rechts heraus gehalten, wie bereits beim Katning mit Überhand-Rundtörn gezeigt. Daumen und Zeigefinger der rechten Hand fassen die Führungsgarne der

Reihe nach und legen mit ihnen einen Rundtörn um das Grundgarn. Die linke Hand kann eventuell dabei helfen, wird im übrigen aber zum Festziehen und Halten der Rundtörns gebraucht.

Entsteht ein zu großer Zwischenraum zwischen den Rundtörns, können bei den Zwischenräumen jeweils zwei Rundtörns mit einigen der Führungsgarne gelegt werden, so daß die Löcher ausgefüllt werden; dies geht allerdings nur mit Unterhand-Rundtörns und Unterhand-Halbschlägen.

Bild 177. Beispiele für den Abschluß des Rippenkatnings unter dem Boden von Gläsern. Man schließt immer mit einem doppelten Unterhand-Halbschlag ab. In der Mitte erkennt man, daß die gekappten Tampen von dem dicken Grundgarn verdeckt werden, das eine weitere Runde geführt und dann durch einige Stiche mit Segelgarn gehalten wird. Rechts wird der Gebrauch vorübergehender Hilfsgarne gezeigt.

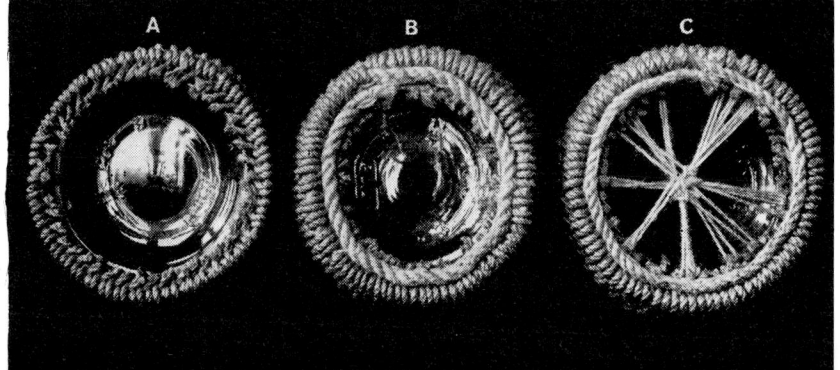

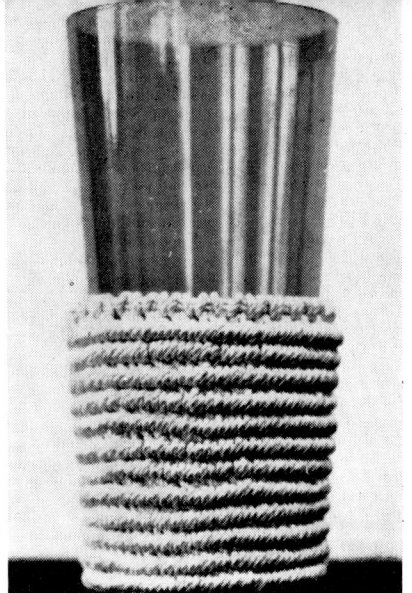

Bild 178. Manschette um ein Grogglas aus festem Rippenkatning.

Rippenkatning mit doppelten halben Schlägen (Bild 174 D und Bild 178)

Mit jedem Führungsgarn legt man mindestens zwei Unterhand-Halbschläge um das Läufergarn. Man lege die halben Schläge dicht aneinander, und es kann bisweilen notwendig werden, drei halbe Schläge mit jedem Garn zu legen.

Als selbständiger Katning ist er nicht ohne weiteres vom Katning mit Rundtörns zu unterscheiden; dieser Katning muß jedoch als der wichtigste aller Rippenkatnings angesehen werden. Er kann für ein gleichmäßiges Muster benutzt werden, man kann ihn ebenso in kombinierten Mustern anwenden, und er findet seine häufigste Anwendung als Abschluß bei Tauwerks- oder Garnarbeiten, bei denen viele Tampen notwendig sind.

Vor allem für den, der sich mit dem Knüpfen von Gürteln, Taschen oder ähnlichem aus feinem Baumwollgarn beschäftigt, ist es nötig, sich mit dem sogenannten Rippenknoten vertraut zu machen. Zwar werden vorzugs-

weise Flachknoten (Seemannsknoten) als wichtigste Knoten bei Knüpfarbeiten benutzt, aber den Rippenknoten mit doppeltem Unterhand-Halbschlag findet man als wichtigsten Bestandteil in vielen Mustern und als Abschluß von Knüpfarbeiten.

SVENDBORGKATNING (Bild 179)

Dieses ist eine Art senkrechter Rippenkatning, aber im Gegensatz zum Katning mit horizontalen Rippen ist es hier der Läufer, der die arbeitende Part darstellt und dazu verwendet wird, Rundtörns oder halbe Schläge um eine größere Anzahl festliegender Grundgarne (Führungsgarne) zu legen. Im Gegensatz zum horizontal verlaufenden Rippenkatning dürfen die Grundgarne hier nicht ganz dicht aneinander liegen. Dagegen ist es vorteilhaft, wenn sie stramm liegen — z. B. mit einem soliden Takling auf jedem Ende. Die Grundgarne können durchaus aus steifem Garn sein, aber nicht unbedingt der Läufer.

Bei diesem Katning wird eine kräftige Segel- oder Sacknadel zum Führen des Läufers unter den Grundgarnen benutzt.

Unterhand-Svendborgkatning (Bild 179 A und B)

Ein Rechtshänder wird üblicherweise beim Nähen von rechts nach links arbeiten. Will man in entgegengesetzter Richtung nähen, wird die Arbeit um 180° gedreht.

Mit dem Läufer legt man Rundtörns, wobei der Läufer nach vorne unter zwei Garne und zurück über ein Garn geführt wird.

Der Katning bekommt eine kräftige Struktur aus senkrechten Rippen; seine Stärke entspricht ca. dem Dreieinhalbfachen der Garnstärke.

98

Bild 179. Varianten des Svendborgkatnings. Siehe Text.

Überhand-Svendborgkatning
(Bild 179 C und D)

Hier hat man eine sehr dekorative Kleedung mit zahlreichen Variationsmöglichkeiten.

Bei der üblichen Herstellung arbeitet man den Läufer von links nach rechts, wobei die Nadel jedoch von rechts nach links eingestochen wird.

Mit jedem Rundtörn bewegt sich der Läufer über 2 Garne vor und unter einem Garn zurück.

Variationen des Svendborgkatnings
(Bild 179)

Es gibt kaum einen Katning, der so reiche Variationsmöglichkeit bietet wie der Svendborgkatning. Zum Beispiel kann man — ob man überhand oder unterhand arbeitet — neue Variationen durch Anwendung von halben Schlägen oder Rundtörns erzielen. A zeigt einen Unterhand-Katning mit halben Schlägen, B einen Unterhand-Katning mit Rundtörns. Der Unterschied in der Struktur zwischen beiden Variationen erscheint nur gering, er kann jedoch bei zusammengesetzten Mustern sehr erheblich werden. C ist der einfache Überhand-Katning, D seine am häufigsten angewendete Variante, bei der der Läufer über 3 Garne und zurück unter einem Garn geführt wird. Diese Arbeitsweise ergibt einen deutlichen Unterschied im Muster, und der Katning läßt sich im

Vergleich zum einfachen Überhand-Katning in halber Zeit herstellen.

Es ist naheliegend, sich am Überhand-Katning über 4 Grundgarnen zu versuchen, man sollte vorher jedoch überlegen, inwieweit diese Variante im ganzen noch ein schönes Muster ergibt. Zur Veranschaulichung ist in E beim Überhand-Katning abwechselnd mit Reihen über 2 Garne und über 4 Garne gearbeitet. Dieser Wechsel zwischen verschiedenen Varianten kann ein interessantes Muster ergeben.

F zeigt die Variante des Überhand-Katnings, bei dem mit dem Läufer ein extra Rundtörn um jedes Grundgarn zwischen jedem der normalen Törns vorgenommen worden ist. Der Läufer wird also über 2 Garne und zurück unter einem Garn geführt, dann über ein Garn und zurück unter einem Garn.

Bild 180. Die Oberfläche des Lampensockels ist mit rosettenförmigem Svendborgkatning gekleedet; innen ist der Katning über Doppelgarn, außen über ein einfaches Gundgarn gelegt. Der Rand ist mit geschlossenem Halbschlagkatning gekleedet (siehe Bild 170).

Die Variante G ist mit abwechselnden Reihen aus Überhand-Katnings und Unterhand-Katnings ausgeführt.

Bei H. ist abwechselnd mit 2 Reihen Überhand-Katnings über 3 Garne und 2 Reihen Unterhand-Katnings, bei denen nur ein Rundtörn um jedes zweite Garn gelegt ist, gearbeitet worden.

Zwölf Tabaksdosen (Bild 181)

Als Beispiele für die praktische Anwendung des Svendborgkatnings werden im folgenden 12 Varianten gezeigt, auf leeren Marmeladengläsern ausgeführt. Als Deckel dienen flache Korken, die mit Rosetten aus Katnings oder türkischen Bunden verziert sowie in einigen Fällen zusätzlich mit einem kugelförmigen Zierknoten in der Mitte versehen sind. Einige Deckel sind mit einem Grummetstropp eingefaßt.

A. Einfacher Überhand-Katning, der der Zickzacklinie der Grundgarne folgt. Der Deckel ist ebenfalls mit dem Svendborgkatning verziert.

B. Einfacher Überhand-Katning. Im oberen Drittel sind Rundtörns um die doppelten Grundgarne gelegt. Darauf sind die Grundgarne gabelförmig auseinandergeführt, so daß die Rundtörns jetzt um das einzelne Grundgarn mit wachsendem Abstand gelegt sind. Dies wird solange fortgesetzt, bis die Grundgarne wieder zu zweit nebeneinander liegen, so daß im unteren Drittel die Rundtörns wieder um die doppelten Grundgarne gelegt werden.

C. Überhand-Rundtörnkatning über jedem zweiten Grundgarn. Die Anzahl der Grundgarne ist ungleich (im Beispiel sind es 21 Grundgarne).

D. Überhand-Katning, abwechselnde Reihen Rundtörns und halbe Schläge.

E. Überhand-Katning; es sind abwechselnd 2 Reihen mit Rundtörns und 2 Reihen mit halben Schlägen ausgeführt.

F. Auf 5 Reihen aus Überhand-Katnings mit Rundtörns folgen 3 Reihen mit halben Schlägen, 3 Reihen mit Rundtörns und der Rest mit halben Schlägen.

G. Überhand-Katning mit regelmäßigem Wechsel zwischen halben Schlägen und Rundtörns über eine gleiche Zahl von Grundgarnen (18 Garne).

H. Genauso wie beim vorigen Beispiel ist der Überhand-Katning hier im Wechsel zwischen halben Schlägen und Rundtörns ausgeführt. Das Muster ist jedoch ganz anders, weil die Zahl der Grundgarne ungleich ist (25 Garne).

I. Dieser Unterhand-Katning ist mit Rundtörns nur um jedes zweite Garn ausgeführt, und der Läufer wird über jedes zweite Garn geführt. Die Zahl der Grundgarne ist gleich.

K. Hier wird zwischen Überhand-Katning und Unterhand-Katning mit Rundtörns abgewechselt; die Zahl der Grundgarne ist gleich.

L. Auch hier wird zwischen Überhand-Katning und Unterhand-Katning, der mit halben Schlägen ausgeführt wird, gewechselt. Im Gegensatz zum vorigen Bild liegt hier jedoch eine ungleiche Zahl von Grundgarnen vor.

Das Befestigen der Führungsgarne (Bild 182)

In bestimmten Fällen kann es ein Problem sein, die Führungsgarne stramm und gleichmäßig zu legen. Im Bild wird an Beispielen gezeigt, wie man die Grundgarne (Führungsgarne) an einem bauchigen Glas anbringen kann, das einen Falz an der Öffnung besitzt, aber keinen besonders deutlich ausgeprägten Übergang zum Boden.

A. Die Grundgarne werden in einer

Bild 181. Varianten des Svendborgkatnings. Siehe Text.

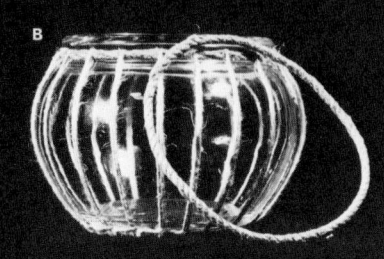

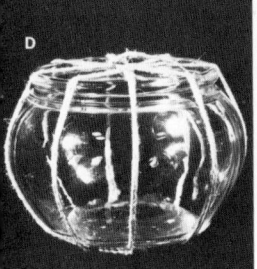
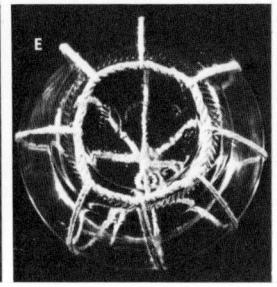

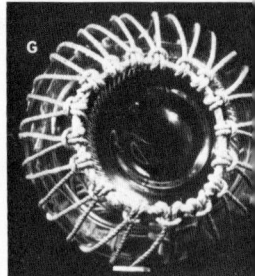

Bild 182. Die Anbringung des Grundgarns auf einer glatten, gewölbten Oberfläche. Siehe Text.

regelmäßigen Zickzacklinie durch die beiden Grummetstropps, die sich am Falz und unter dem Glasboden befinden, gezogen.

B. Hier erkennt man einen Grummetstropp (Kardeelring), der wie im Bild 27 gezeigt hergestellt ist. Die Grundgarne bestehen aus doppeltem Segelgarn; den gleichmäßigen Abstand erzielt man, indem man jeweils einen Lerchenkopf um den Grummetstropp legt.

C. Hier wird dickeres Garn verwendet. Der gleichmäßige Abstand zwischen den Grundgarnen wird durch Rundtörns um die Grummetstropps erreicht.

D und E. Hier wird gezeigt, wie der untere Tauwerksring durch behelfsmäßig angebrachte Garne am Glasboden gehalten wird. Diese Garne werden nach dem Anbringen der Grundgarne wieder entfernt.

F und G. Der obere Tauwerksring ist hier nicht als Grummetstropp ausgeführt, sondern als einfacher Augspleiß auf dem Tampen des Läufers. Der Läufer liegt bereit zum Kleeden über die Grundgarne, die mit dekorativen Lerchenköpfen befestigt sind.

Bild 183. Rosettenförmiger Svendborgkatning. (A: Überhand, B: Unterhand) auf einem Deckel aus Kork. C zeigt, wie die Führungsgarne sternförmig zwischen einem großen Kardeelring am Rand und einem kleinen in der Mitte gestreckt werden. Der kleine Kardeelring kann aus dem Tampen des Läufergarns geformt werden. Der große Ring kann vorübergehend mit Nadeln fixiert werden. Ist der Katning fertig, wird er festgeleimt. Zum Schluß wird die verbleibende Öffnung in der Mitte durch einen Zierknoten geschlossen (siehe Seite 111).

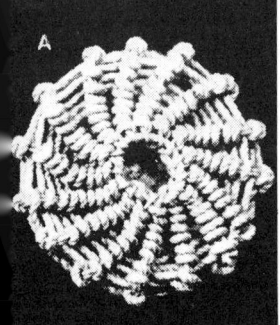
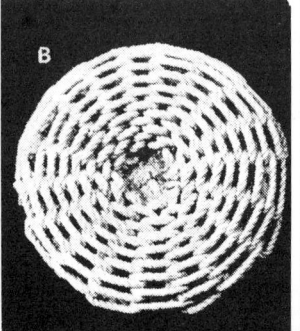

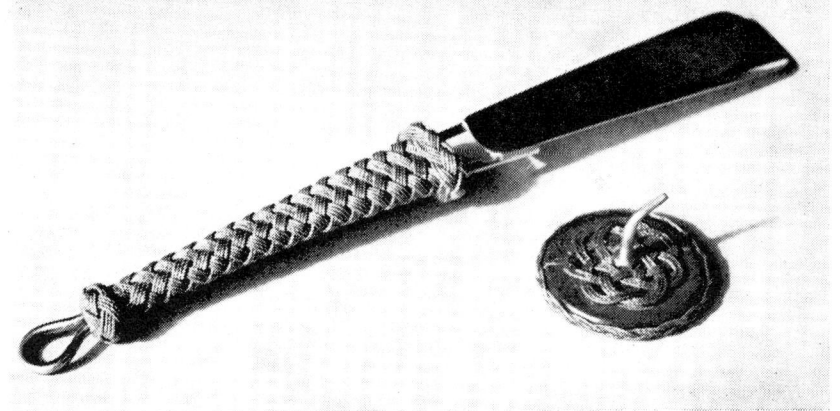

Bild 184. Schuhanzieher, mit Kreuzkatning gekleedet. Der Wandhaken ist mit einem türkischen Bund verziert.   *Modell: L. Poulsen*

KREUZKATNING

Der Kreuzkatning ist eine Form der diagonal gewebten Kleedung, die mit mindestens 4 Parten ausgeführt wird. Die Parten können aus einem einzelnen Garn bestehen, am häufigsten verwendet man jedoch 3 oder mehrere Garne für eine Part.

Der Kreuzkatning ist dem türkischen Bund sehr verwandt; er hat u. a. zur Zeit der Orlogschiffe große Popularität besessen. Man findet ihn auch heute noch auf moderneren Schiffen, z. B. als Kleedung der Geländer an Gangways, wo er nicht nur dekorativ wirkt, sondern auch die Griffsicherheit erhöht.

Bild 185. Griff für einen Seesack, mit Kreuzkatning in der Mitte sowie Kronenkatning und türkischem Bund verziert – alles aus dünnem Stahldraht.
Modell: Finn Hurup

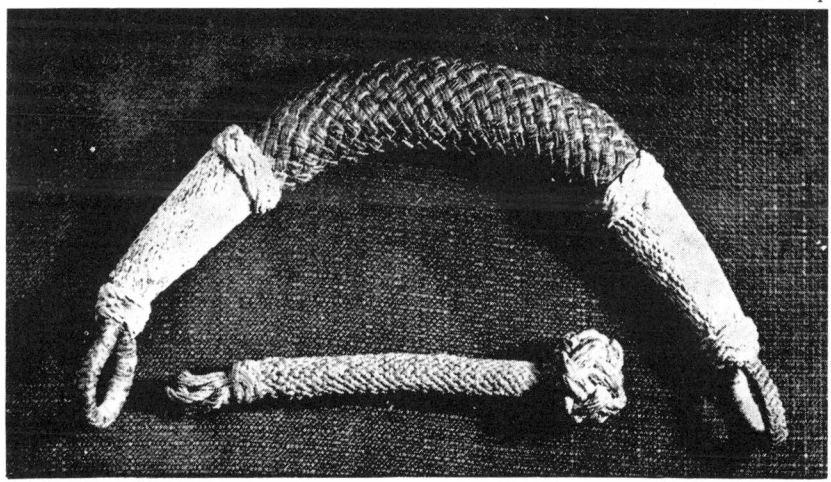

Bild 186. Kreuzkatning nach der Plattingmethode. Siehe Text.

Material und Menge

Die Zahl der Garne und ihre Länge hängt u. a. vom Muster ab, d. h. vom Winkel der *Überkreuzung*. Für einen Kreuzkatning mit einer 45°-Überkreuzung braucht man ca. eineinhalbmal soviel Garn, wie nötig wäre, um den Gegenstand in Längsrichtung zu bedecken; die Länge soll ca. das Doppelte der Länge des zu kleedenden Gegenstandes betragen.

Bild 187. Kreuzkatning nach der Plattingmethode mit 6 doppelten Parten in zwei Farben. Die fertige Arbeit ist in Bild 111 links zu sehen.

Bei mehr langgestreckten Überkreuzungen (spitzer Winkel) braucht man weniger Parten und kürzere Garnlängen. Für Überkreuzungen unter stumpfem Winkel kommt man mit weniger Parten zurecht, muß dafür aber längeres Garn benutzen. Außerdem hängt die Garnmenge natürlich von der Garnstärke und der Größe des zu kleedenden Gegenstandes ab.

Anfang und Abschluß

Der Anfang eines Kreuzkatnings kann dem des türkischen Bundes entsprechen, der Abschluß allerdings muß durch einen türkischen Bund oder einen ähnlichen Knoten verdeckt werden. Oft zieht man es im Hinblick auf die Symmetrie vor, Anfang und Abschluß auf die gleiche Art zu behandeln.

Kreuzkatning nach der Platting-Methode (Bild 186)

Die schlanken Kreuzkatnings mit 4, 6 und 8 Parten sind eine Variante der *Rundplatting mit Seele*. Ist der Kern verhältnismäßig dünn oder fehlt er ganz, handelt es sich um eine Platting. Ist der Kern dagegen mehr als doppelt so dick wie das Garn, mit dem er gekleedet ist, gebraucht man die Bezeichnung Katning.

Bild 186 zeigt die Herstellung von Kreuzkatnings nach der Platting-

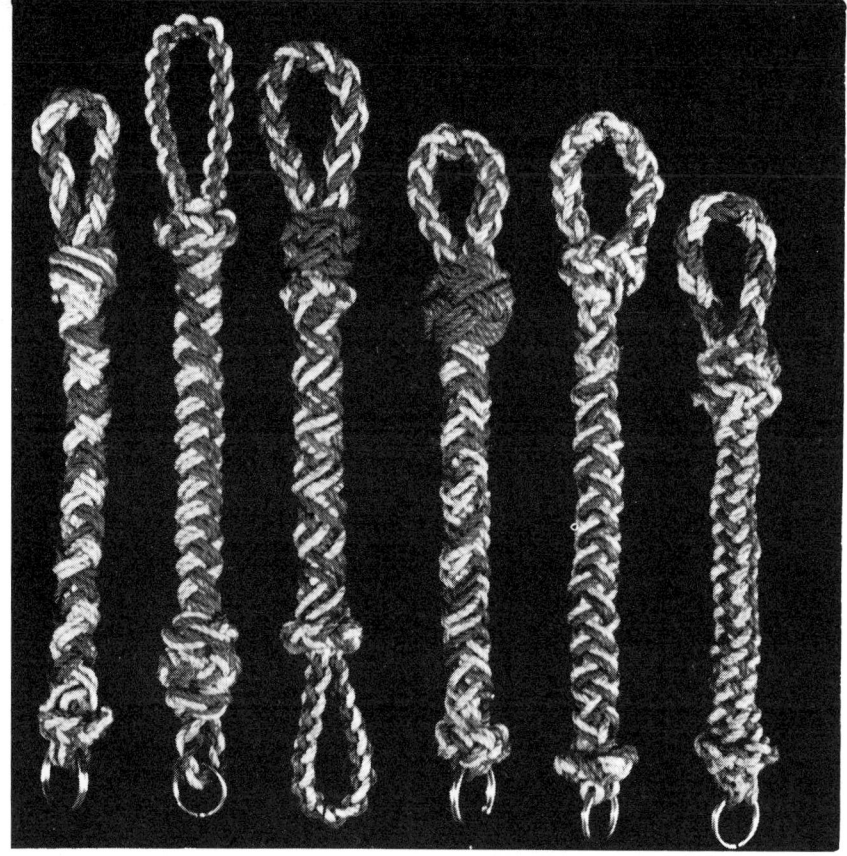

Bild 188. Variationen des Kreuzkatnings mit 4 dunklen und 4 hellen Garnen.

methode mit 4, 6 und 8 Parten und einem *Kern* gleichmäßiger Stärke. Man beachte, daß der Katning aus 4 Parten mit je 3 Garnen (A) eine Überkreuzung mit sehr stumpfem Winkel ergibt. Je mehr Parten und je mehr Garn man verwendet (bei gleicher Stärke des Kerns), desto spitzer wird der Winkel der Überkreuzung. Man soll aber nicht über 8 Parten mit je 4 Garnen (D) hinausgehen, um eine Überkreuzung unter nahezu rechtem Winkel zu erhalten.

Werden mehr als 4 Parten für einen Katning benutzt, bei dem langes Garn notwendig ist, ist es bei der Plattingmethode von Vorteil, zu zweit zu arbeiten, damit einer ständig das zuletzt gelegte Garn festhält.

Kreuzkatning (Platting) mit 4 Parten (Bild 186 A)

Die oberste Part auf der linken Seite (v) wird hinter dem Kern herum nach rechts gelegt, durch die beiden Parten der rechten Seite geführt und schräg nach links unten gelegt. Dann wird die oberste Part auf der rechten Seite (h) hinter dem Kern herum gelegt, unter die obere und über die untere Part auf der linken Seite geführt und schräg nach rechts unten gelegt usw.

Kreuzkatning (Platting) mit 6 Parten (Bild 186 B)

Die oberste Part auf der linken Seite (v) wird ebenfalls hinter dem Kern herumgelegt, nach unten zwischen die Parten auf der rechten Seite (unter-

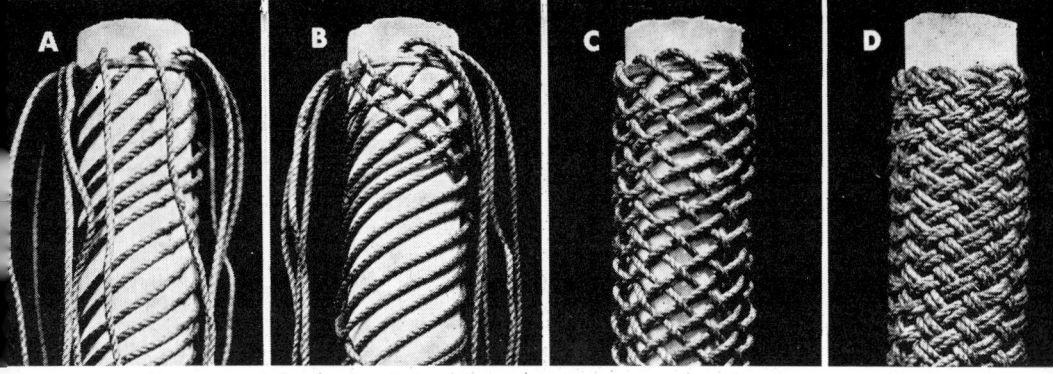

Bild 189. Kreuzkatning nach der Flechtmethode.

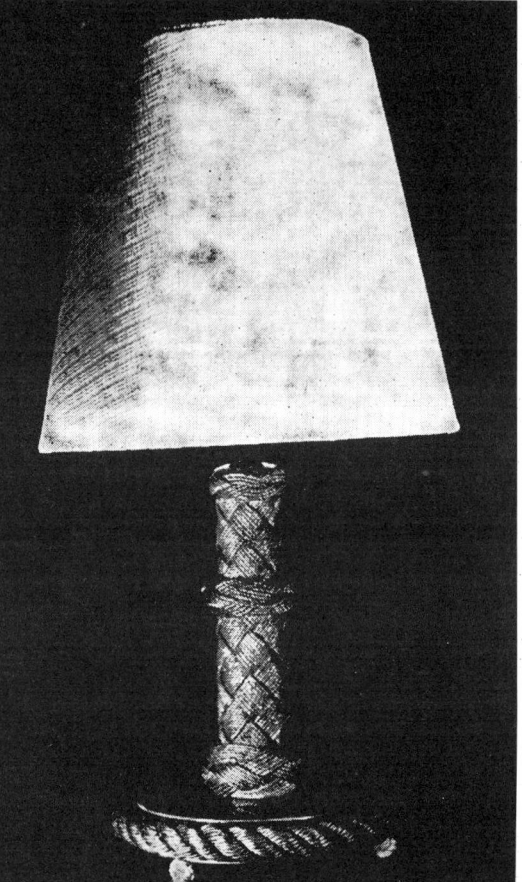

Bild 190. Da der Lampensockel leicht konisch ist, wird der Kreuzkatning unten mit acht Garnen, im oberen dünneren Teil dagegen mit sieben Garnen ausgeführt. Der Fuß besteht aus einer Blockscheibe, die mit einem Kardeelring (Grummetstropp) eingefaßt ist. Die Füße bestehen aus Schrauben, deren Köpfe mit türkischem Bund versehen sind.
Modell: Takler Svend Olsen

über-unter) geflochten und nach links heraus gelegt. Darauf wird die oberste Part auf der rechten Seite hinter dem Kern herum gelegt, unter, über und unter die Parten auf der linken Seite geführt und schräg nach rechts unten gelegt usw.

Kreuzkatning (Platting) mit 8 Parten (Bild 186 C und D)

C und D zeigen den achtfachen Katning mit Verdreifachung bzw. Vervierfachung. Der Herstellungsgang ist wie bereits beschrieben: die oberste Part auf der linken Seite (v) wird hinter dem Kern herum gelegt, dann unter, über, unter und über die Parten auf der rechten Seite geführt und nach links heraus gelegt usw.

Kreuzkatning nach der Flechtmethode (Bild 189)

Für größere Kreuzkatnings mit vielen und langen Garnen ist es am günstigsten, ähnlich wie bei der Herstellung des türkischen Bundes vorzugehen. Das Beispiel in Bild 189 zeigt die Flechtung eines Kreuzkatnings mit 16 Parten mit je 2 Garnen.

A. 16 Garne mit der gut dreifachen Länge der Arbeit werden auf ihrer halben Länge im Winkel von 45° um den Kern gewickelt. Man achte dabei auch auf gleichmäßigen Abstand der Garne voneinander; die Garne werden an beiden Enden durch feste Taklinge

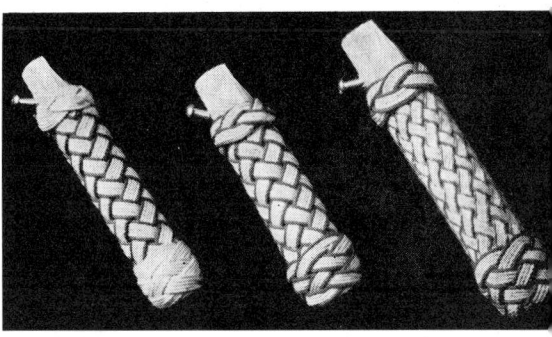

gehalten; die andere Hälfte der Garne hängt frei herunter.

B. Die losen Garnhälften werden nacheinander im rechten Winkel zwischen die festen Garne geflochten — jeweils abwechselnd über und unter ein Garn bzw. unter und über ein Garn. Als Hilfsmittel wird eine Sacknadel verwendet.

C. Sind alle losen Garnhälften eingeflochten, muß das *Skelett* mit Hilfe einer Spitzzange gerichtet werden: alle Überkreuzungen müssen auf einer Linie liegen, und alle Garne müssen glatt und gleichmäßig stramm sein.

Zum Schluß wird das Skelett ausgefüllt: man flicht je nach Bedarf und Geschmack weiteres Garn ein, wobei Variationen mit verschiedenen Farben oder Garnstärken vorgenommen werden können. Im gezeigten Beispiel ist nur eine einfache Verdopplung durchgeführt worden.

Bei Verdopplungen ist man nicht an den Gebrauch kurzer Garnlängen gebunden, sondern kann ein mehrere Meter langes Garn in einer Sacknadel verwenden. Hierbei muß man jedoch wie bei den meisten anderen Garnarbeiten beachten: Je länger das Garn, desto mehr Kinken.

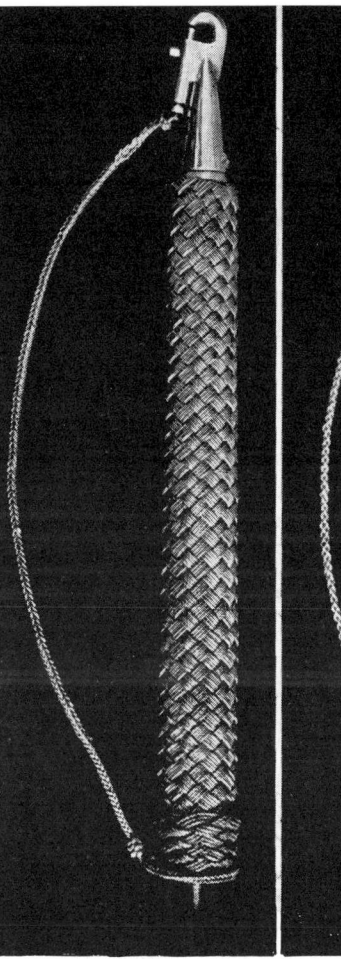
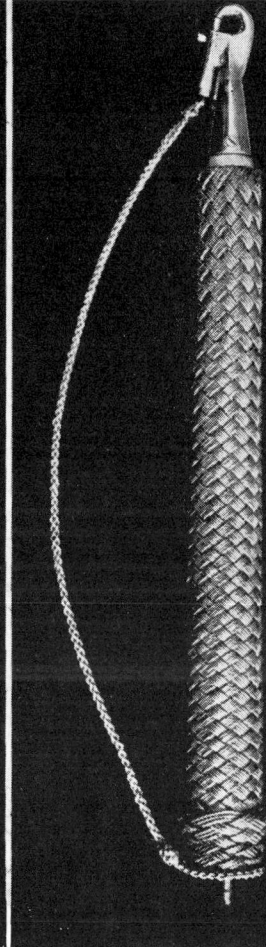

Bild 192. Die Enden dieses Spinnakerbaums sind leicht konisch. Der Kreuzkatning links ist daher oben vierfach und auf dem unten dickeren Teil fünffach. Rechts im Bild hat man das Problem anders gelöst: Der Kreuzkatning ist durchgehend vierfach, aber im oberen dünneren Teil liegen die Überkreuzungen in spitzem Winkel, im unteren Teil in stumpfem Winkel zueinander. Die Stropps bestehen aus Vierkantplatting (links) und Rundplatting (rechts).

107

Bild 193. *Manschette aus gewebtem Katning um ein Grogglas.*

GEWEBTER KATNING

Diese dekorative Form der Kleedung wurde früher vor allem als Flechtung nur von Hand ohne den Gebrauch einer Nadel ausgeführt. — Über das Befestigen der Grundgarne (Führungsgarne) siehe unter Svendborgkatning.

Gewebter Katning, ohne Nadel hergestellt (Bild 195 A)

Als Rechtshänder arbeitet man am leichtesten von links nach rechts. Die linke Hand hält die Arbeit, gleichzeitig können die Finger der linken Hand einzelne Garne oder auch Garngruppen während des Flechtens in ihrer Lage halten.

Mit der rechten Hand wird jedes zweite Grundgarn über das Läufergarn geflochten. Kann man den Tampen des Läufergarns vorübergehend an irgendeinen festen Gegenstand befestigen, wird die Arbeit wesentlich leichter vor sich gehen; dadurch wird auch die Neigung des Läufergarns, nach unten zu rutschen, verringert. Man kann dieser Neigung im übrigen dadurch entgegenwirken, daß man das Garn erst stramm zieht und dann nach oben auf seinen Platz preßt. Sowohl Läufergarn als auch Grundgarn kann aus einem einzelnen Garn oder einer Gruppe mehrerer Garne bestehen.

Bild 194. *A. Gewebter Katning auf dem Tampen einer schweren Kabeltrosse. B: Gewebter Katning auf dem Schaft einer 14-schwänzigen „Katze".*

Bild 195. Gewebter Katning. Siehe Text.

Gewebter Katning, mit Nadel hergestellt (Bild 195 B, C u. D)

Die Grundgarne (Führungsgarne) werden so dicht gelegt, daß sie fast die gesamte Unterlage bedecken, und so stramm wie möglich mit einem Takling an jedem Ende befestigt. Die Länge der Grundgarne muß mindestens 10 % mehr als die Länge der fertigen Arbeit betragen, weil der Katning sich beim Weben zusammenzieht. Es ist selbstverständlich, daß die Zahl der Grundgarne (einzelne Garne oder Gruppen) ungleich sein muß.

Zum Nähen wird eine Sacknadel geeigneter Dicke verwendet. Sie wird so geschliffen, daß sie nicht zu spitz ist. In Bild 195 B wird mit einem einzelnen Läufergarn genäht, das einen größeren Durchmesser als das Grundgarn besitzt. Es wird von rechts nach links über 4 und unter 4 Garne geführt. Ebenfalls sieht man, wie der Neigung des Läufergarns, nach unten zu rutschen, durch das Aufsetzen einer Reihe von Taklingen entgegengewirkt wird. Die Taklinge werden entsprechend dem Fortgang der Arbeit wieder entfernt.

In Bild 195 C wird mit doppeltem Läufergarn in der Nadel gearbeitet. Es wird mit dünnem Läufergarn über und unter schwereres Grundgarn genäht.

Will man mit einem Läufergarn arbeiten, das aus 2, 3 oder 4 Garnen besteht, näht man zuerst mit einfachem oder doppeltem Garn und zieht danach die gewünschte restliche Zahl von Garnen parallel zum ersten Läufergarn ein. In Bild 195 D ist zuerst mit doppeltem Läufergarn über und unter 4faches Grundgarn genäht. Später ist ein doppeltes Läufergarn eingezogen worden, so daß sowohl Grundgarn als auch Läufergarn jeweils aus 4 einzelnen Garnen bestehen.

Bild 196. Gewebter Katning. A: Einfaches Läufergarn über einfachem Grundgarn. B: Doppeltes Läufergarn über einfachem Grundgarn. C: Versetzter Katning mit einfachem Läufergarn über 4 Grundgarnen.

109

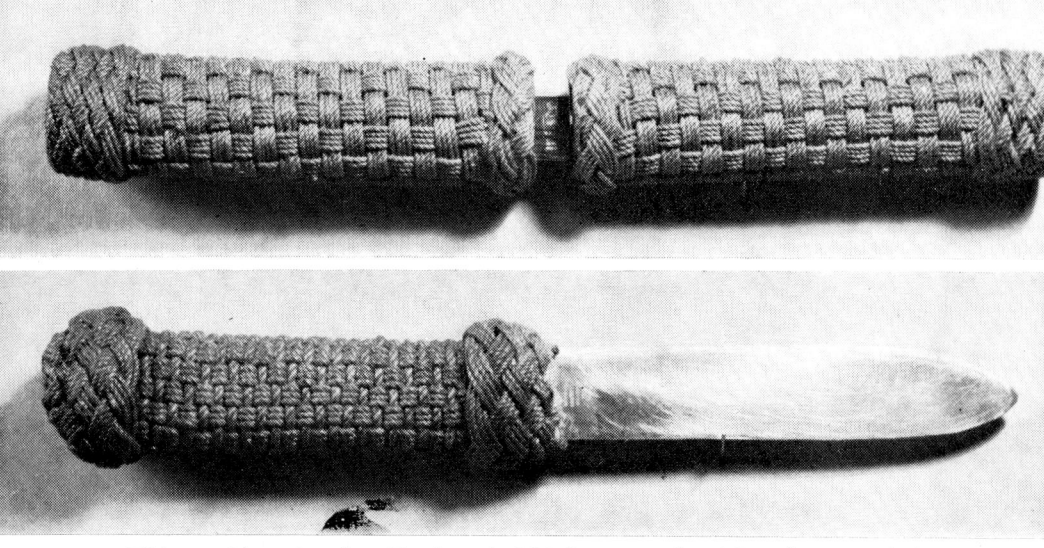

Bild 197. Oben: Gewebter Katning mit 4 Läufergarnen über 4 Grundgarnen auf einem japanischen Fischmesser mit Scheide. Unten: Gewebter Katning mit einfachem dicken Läufergarn über 3 dünnen Grundgarnen.

Bild 198. Oben: Scheide eines schweren Klappmessers, als versetzt gewebter Katning mit doppeltem Läufergarn über einfachem Grundgarn ausgeführt und durch Lackieren gefestigt. Unten: Versetzt gewebter Katning mit 2 Läufergarnen über 2 Grundgarnen.

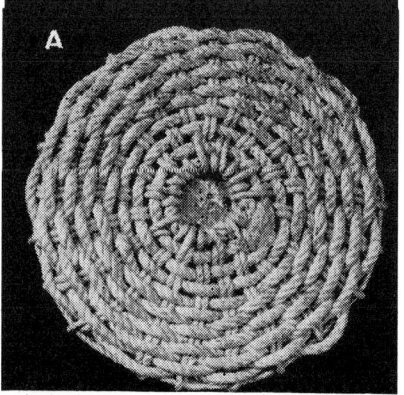

Bild 199. Mit gewebtem Katning gekleedeter Deckel. Siehe Text.

Versetzt gewebter Katning

Beim üblichen gewebten Katning wird das Läufergarn bei jeder zweiten Runde über dasselbe Grundgarn (Führungsgarn) geführt. Eine interessante Variante im Muster kann man erzielen, wenn man auf dem Umfang mit dem Doppelten einer ungleichen Zahl von Grundgarnen oder Gruppen von Grundgarnen arbeitet, z. B. mit 14 (2 x 7), 22 (2 x 11) usw. Beispiele für diese Variante durch *Versetzung* findet man in Bild 196 C und 198 unten.

Rosette aus gewebtem Katning

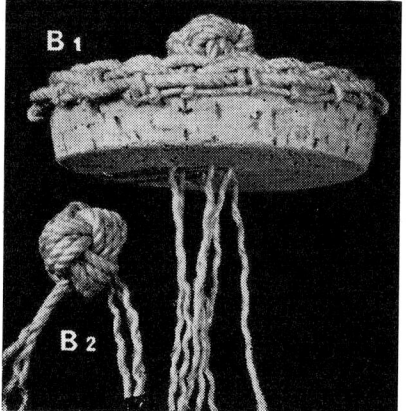

Bild 199 zeigt, wie man Rosetten aus einem gewebten Katning herstellen kann, wenn man sich an Garn kleiner Dimension hält. Im Bild 183 sieht man, wie Läufergarn und Grundgarn auf einer Korkplatte (in diesem Falle der Deckel für eine Tabaksdose) befestigt werden. Ist der Katning fertig, leimt man die Rosette auf den Deckel.

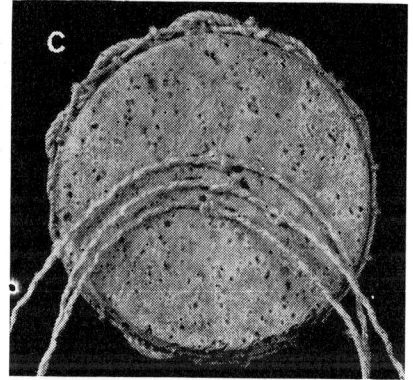

Bei den meisten aus einem Katning hergestellten Rosetten läßt sich ein kleines Loch in der Mitte nicht vermeiden; im Bild wird es durch einen Zierknoten verdeckt. In der Regel ist ein kugelförmiger Knoten am besten geeignet — wie hier die *Affenfaust.* Um eine besonders solide Befestigung zu erreichen, sind die beiden freien Tampen aufgedreht, so daß sich sechs Kardeele ergeben.

In B und C erkennt man, wie die Kardeele mit Hilfe einer Segelnadel an 6 verschiedenen Stellen durch die Korkscheibe geführt und an der Unterseite zu zweit verknotet werden.

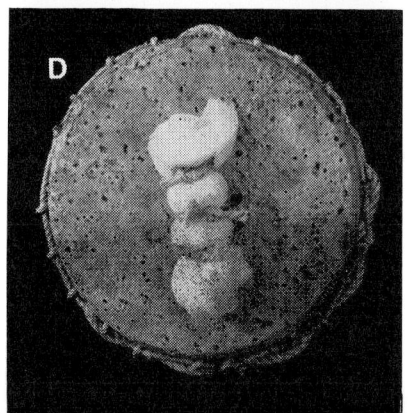

Da es sich hier um den Deckel für einen Tabaksbehälter handelt, werden die Kardeele darüber hinaus zur Befestigung eines kleinen Gummischwammes benutzt (D).

Bild 200. Ringe für ein Halstuch aus rohrförmigen türkischen Bunden.

Der türkische Bund

Kein Knoten wird so häufig für dekorative Tauwerksarbeiten benutzt wie der türkische Bund; man findet ihn in zahlreichen Kombinationen, er eignet sich aber auch vorzüglich als selbstän-

Bild 201. So beginnt man einen kleinen ringförmigen türkischen Bund. Man beachte, daß die Bucht des Garns erst eingeflochten und der Tampen danach durchgeholt wird.

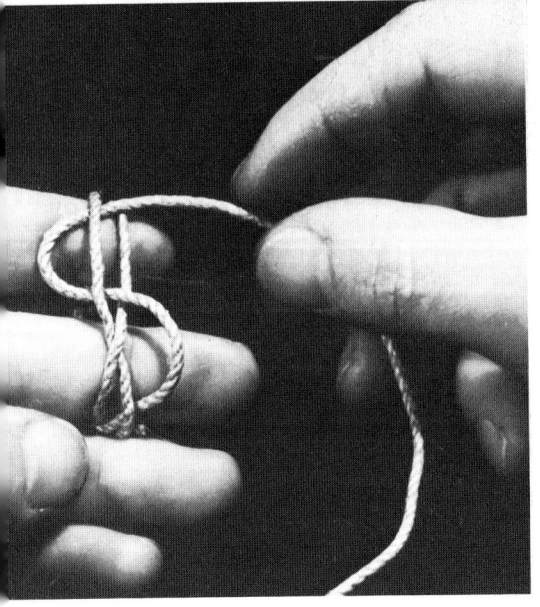

diger Zierknoten oder als dekorativer Gebrauchsgegenstand.

Der türkische Bund kann zudem in zahllosen Variationen vorliegen. Am häufigsten sieht man ihn als Ring ausgeführt — lang oder kurz, dick oder dünn, rund oder eckig. Er kann ebenso als ein langes Rohr, als Hohlkugel, als fester Knoten, als Schale oder flache Rosette angefertigt werden.

Es gibt eine ganz Menge Hauptgruppen des türkischen Bundes. Innerhalb dieser kann man wiederum unterscheiden zwischen der Zahl der Rundtörns im einzelnen Knoten (von den Verdopplungen abgesehen). Schließlich kann man noch innerhalb jeder Untergruppe zwischen der Zahl der Buchten und Verdopplungen variieren.

Einige praktische Hinweise

Soll ein ringförmiger türkischer Bund nicht fest um einen Gegenstand gelegt werden, kann man ihn wie in Bild 201 von Hand formen. Legt man dagegen Wert auf möglichst regelmäßige Form, ist es ratsam, den Knoten auf einem runden Stock oder einem Rohr geeigneter Stärke herzustellen.

Die Länge des Garns für einen ringförmigen türkischen Bund hängt selbstverständlich vom Umfang, seiner Brei-

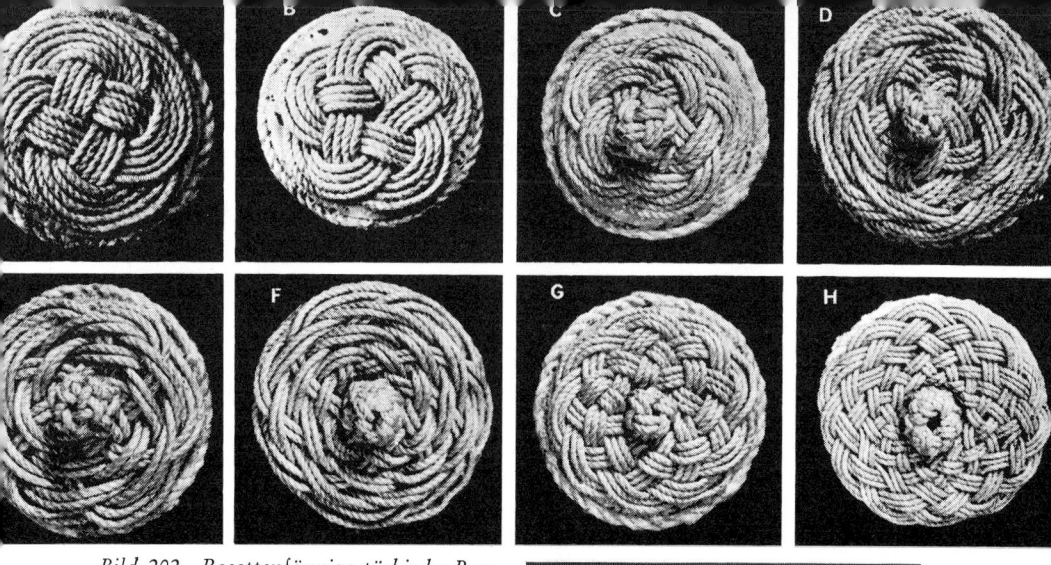

Bild 202. Rosettenförmige türkische Bunde, als Dekoration auf einen Deckel geleimt. Sie werden erst in Rohrform hergestellt und dann auseinandergefaltet. Zum Schluß legt man die letzten Verdopplungen. Rosetten aus großen türkischen Bunden bekommen in der Mitte eine Öffnung; daher die Zierknoten in der Mitte bei C–H (siehe Bild 199).

te und der Anzahl der Verdopplungen ab. Für einen schmalen türkischen Bund ist ca. das Anderthalbfache seines Umfanges nötig, multipliziert mit der gesamten Anzahl der Rundtörns. Je breiter der Knoten werden soll, desto länger muß die verwendete Garnlänge sein.

Normalerweise braucht man das Garn aber nicht eher abzuschneiden, als man die erste Runde ganz fertig hat, so daß man sich ein besseres Bild über die erforderliche Garnlänge — vor allem

Bild 203. Die letzten Verdopplungen werden erst dann durchgeführt, wenn der türkische Bund der Kugel angepaßt ist. Am besten eignet sich der dreifachgeschlagene Knoten mit 4 Buchten und der fünffachgeschlagene Knoten mit 4 Buchten.

Bild 204. Eine Rosette wird in Lack getaucht, und während des Trocknens wird sie zur Schale modelliert.

Lund,
ancywork

Bild 205. Durch die Benutzung von Hilfsstiften bei einer Matte kann man den türkischen Bund in verschiedene Formen bringen.

auch bei Verdopplungen — machen kann.

Beim Anfang eines türkischen Bundes arbeitet man mit einem so langen Tampen, daß der auch für einen ganz lockeren Knoten noch reichlich ist. Dann erst mißt man die nötige Garnlänge für die erwünschte Anzahl von Verdopplungen ab. Die Verdopplungen werden mit dem anderen Tampen in entgegengesetzter Richtung ausgeführt.

Bei der Anfertigung des türkischen Bundes — und auch bei den meisten anderen Flechtarbeiten aus Tauwerk — verwendet man beim Flechten normalerweise nicht den Tampen selbst, sondern steckt jeweils eine Bucht durch und zieht dann das restliche Garn nach. So vermeidet man unnötigen Ärger mit Kinken.

Sehr häufig lohnt es sich bei größeren Flechtarbeiten, das Garn mit einer Nadel durchzuführen; es empfiehlt sich auch hier eine Sacknadel.

Ist der türkische Bund ganz fertig, werden die Tampen kurz gekappt und im Knoten versteckt. Man kann sie zusätzlich mit einer Zange flach quetschen oder mit Leim im Knoteninnern befestigen.

Die besonderen Kennzeichen des türkischen Bundes

Der übliche türkische Bund kann als eine geflochtene Tauwerksarbeit charakterisiert werden, bei der die arbeitende Part kreisförmig um einen gemeinsamen Mittelpunkt geführt wird. Gleichzeitig führt jeder dieser Kreise eine oder mehrere Zickzackbewegungen an der Außenkante der Arbeit aus. Beim fertigen türkischen Bund sind alle Parten abwechselnd über eine der übrigen Parten (abgesehen von Verdopplungen) geflochten.

Für den üblichen, mit einem einzelnen Garn angefertigten türkischen Bund ist es außerdem typisch, daß die Anzahl der Buchten am Rand nie gleich der Anzahl der Kreisbewegungen sein kann. Diese Einschränkung ist tatsächlich noch weitgehender: die Anzahl der Buchten am Rand und die Kreisbewegungen sind nie durch die gleiche Zahl teilbar. Ein Beispiel: man kann mit einem einzelnen Garn einen vierfachgeschlagenen türkischen Bund mit 5 Buchten oder einen fünffachgeschlagenen türkischen Bund mit 4 Buchten anfertigen. Dagegen kann man keinen vierfachgeschlagenen türkischen Bund mit 4, 2 oder 6 Buchten herstellen, genauso ist ein sechsfachgeschlagener türkischer Bund mit 6, 3 oder 9 Buchten unmöglich.

Geht man allerdings dazu über, mehrere Kreisläufe durchzuführen, (mehrere Garnlängen), ist diese Begrenzung aufgehoben.

In den Bildern

Zur besseren Anschaulichkeit wird die Entwicklung des türkischen Bundes um ein durchsichtiges Rohr herum gezeigt.

Außerdem wird die arbeitende Part in allen Bildern im Gegensatz zur

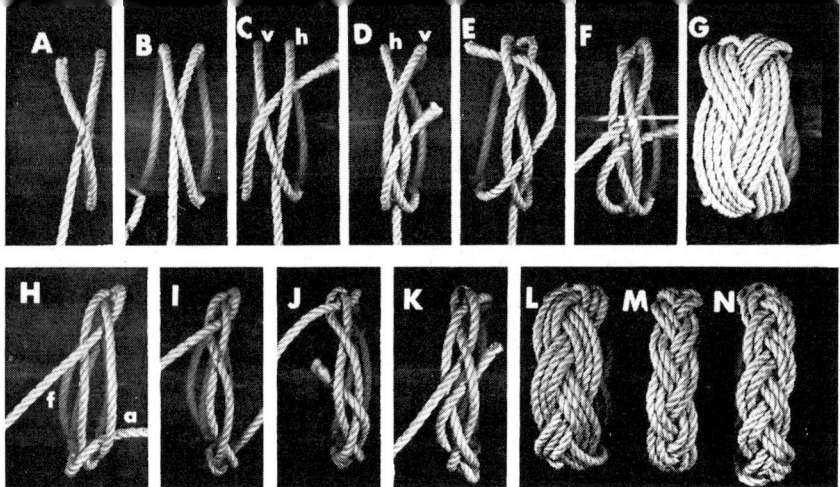

Bild 206. Anfertigung des dreifachgeschlagenen türkischen Bundes mit 4 Buchten.

Praxis mit ganz kurzem Tampen gezeigt — ebenfalls zur besseren Verdeutlichung.

Dreifachgeschlagener türkischer Bund mit 4 Buchten

Unter den kleinen türkischen Bunden ist dieser Knoten sehr populär, weil er gewisse Entwicklungsmöglichkeiten durch *Verjüngen* bietet.

Ausführung des dreifachgeschlagenen türkischen Bundes mit 4 Buchten (Bild 206)

A. Um das Rohr (oder die Finger) wird ein Rundtörn gelegt. Die arbeitende Part überkreuzt die feste Part von rechts nach links.

B. Die arbeitende Part wird auf der linken Seite nach hinten um das Rohr herumgeführt.

C. Der Tampen wird von links nach rechts über und unter das Garn geflochten.

D. Die Arbeit ist etwas nach unten gedreht. Der linke Rundtörn (v) wird in einer Bucht über den rechten Rundtörn (h) gelegt, so daß zwei neue Überkreuzungen entstehen.

Bild 207. J. Banke Jørgensen hat diese große Sektflasche mit einem 42fach geschlagenen türkischen Bund (s. Bild 218–220) und anderen Varianten verziert.

Bild 208. Dreichfachgeschlagener türkischer Bund mit 4 Buchten, als Rosette geformt.

E. Der Tampen wird von rechts nach links zwischen die zwei neuen Überkreuzungen geflochten (über und unter).

F. Die arbeitende Part trifft auf die feste Part und wird von links nach rechts parallel zu dieser eingeflochten (zur Vervielfachung).

G. Dreifachgeschlagener türkischer Bund mit 4 Buchten, vervierfacht.

Ausführung mit 7 Buchten und mehr (Bild 206)

H. Man geht direkt vom dreifachgeschlagenen türkischen Bund mit 4 Buchten vor der Verdopplung (F) aus. Die feste Part (f) und die arbeitende Part (a) werden ein gutes Stück voneinander weggedrückt.

I. Der linke Rundtörn wird wieder (wie in D) in einer Bucht über den rechten Rundtörn hinweg gelegt.

J. Die arbeitende Part wird wieder (über und unter) zwischen die zwei Überkreuzungen geflochten.

K. Die arbeitende Part trifft wiederum auf die feste Part und läuft parallel mit dieser bis zur Verdopplung des dreifachgeschlagenen Knotens mit 7 Buchten.

N. B. Ausgehend von K kann man den Knoten auf die gleiche Art *verjüngen* — zum dreifachgeschlagenen mit 10 Buchten, 13 Buchten usw.

L. Dreifachgeschlagener türkischer Bund mit 7 Buchten, dreifach.

M. Dreifachgeschlagener türkischer Bund mit 10 Buchten, doppelt.

N. Dreifachgeschlagener türkischer Bund mit 13 Buchten, doppelt.

Bild 209 zeigt die gleichen Knoten (A, B und C) entsprechend dem Bild 206 L, M und N, als Rosetten ausgebreitet.

Vierfachgeschlagener türkischer Bund mit 5 Buchten

Dies ist einer der schönsten kleinen türkischen Bunde — sowohl in Ringform als auch als Rosette.

Ausführung des vierfachgeschlagenen türkischen Bundes mit 5 Buchten (Bild 210)

A. Man legt einen halben Schlag (der Tampen fährt auf der rechten Seite der Arbeitsrichtung heraus).

B. Der Tampen wird wieder nach links über die feste Part geführt.

C. Der Tampen wird auf der linken

Bild 209. A, B und C entspricht Bild 206 L, M und N. Hier sind die Knoten zu Rosetten aufgefaltet.

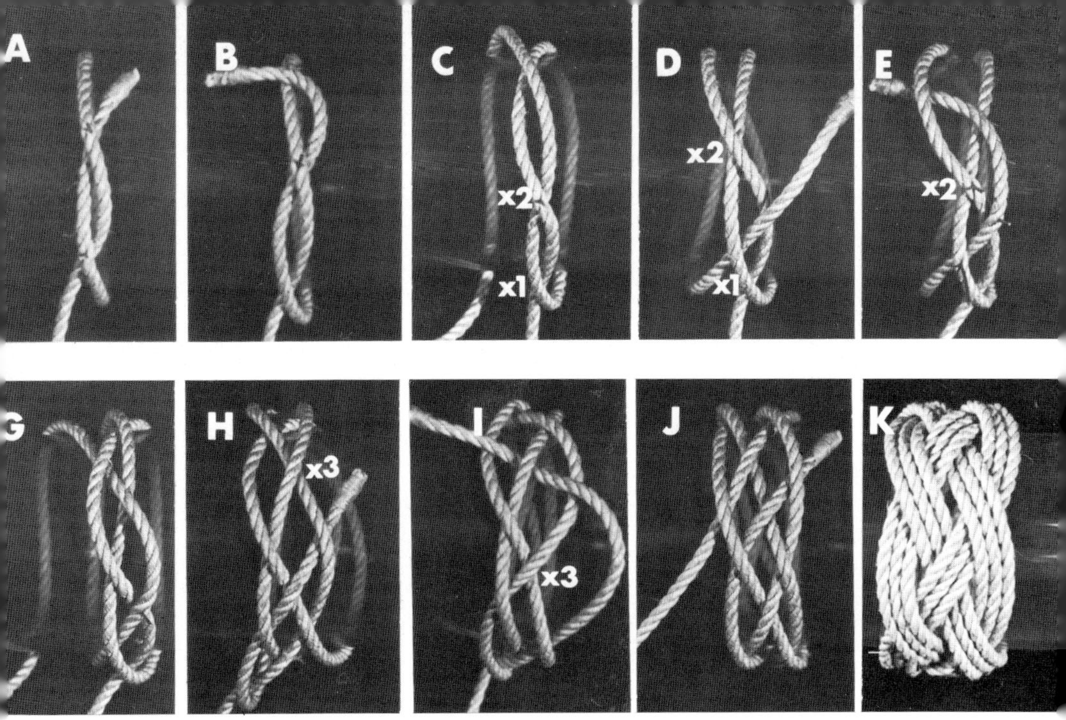

Bild 210. Anfertigung des vierfachgeschlagenen türkischen Bundes mit 5 Buchten.

Seite hinten um das Rohr herumgelegt.
D. Der Tampen passiert die erste Überkreuzung (x 1) und wird dann nach rechts geflochten (unter und über).
E. Nach der nächsten Überkreuzung (x 2) wird der Tampen nach links geflochten (über und unter).
G. Der Tampen wird jetzt wieder auf der linken Seite hinten um das Rohr herumgeführt.
H. Der Tampen wird über die feste Part geführt und darauf nach rechts geflochten (unter, über, unter).
I. Die Arbeit ist etwas nach unten gedreht. Nach der nächsten Überkreuzung (x 3) wird nach links geflochten (über, unter, über).
J. Die arbeitende Part tritt auf die feste Part und folgt dieser parallel bis zur Vervierfachung.
K. Vierfachgeschlagener türkischer Bund mit 5 Buchten, dreifach.

Bild 211. Der Lampensockel ist unter anderem mit einem kleinen und einem großen vierfachgeschlagenen türkischen Bund mit 5 Buchten dekoriert. Der Fuß ist eine Blockscheibe, mit einem Grummetstropp eingefaßt. Modell: Takler Svend Olsen

DER TÜRKISCHE BUND
ALS AUFBAUKNOTEN

Dieser Hauptgruppe ist gemeinsam, daß die Anzahl der Buchten am Rand immer um 1 geringer ist als die Anzahl der Rundtörns im Knoten: ein vierfachgeschlagener Knoten hat 4 Rundtörns und 3 Buchten am Rand, während ein fünffachgeschlagener Knoten 5 Rundtörns und 4 Buchten am Rand aufweist.

Diese Gruppe muß in 2 Untergruppen aufgeteilt werden, weil einige Einzelheiten in der Herstellung unterschiedlich sind – je nachdem, ob die Zahl der Rundtörns gleich oder ungleich ist.

Zuerst wird die Untergruppe behandelt, die den dreifachgeschlagenen türkischen Bund mit 2 Buchten, den fünffachgeschlagenen mit 4 Buchten, den siebenfachgeschlagenen mit 6 Buchten usw. umfaßt.

Das Prinzip des Aufbaus

Das Grundsystem beim Aufbau des üblichen türkischen Bundes von einem bestimmten Format bis zur nächsten *Größe* (z. B. vom dreifachgeschlagenen bis zum fünffachgeschlagenen Knoten oder vom vierfachgeschlagenen bis zum sechsfachgeschlagenen) besteht darin, daß die arbeitende Part parallel mit der festen Part 2 volle Kreisumläufe geführt wird. Bei jeder Änderung der Zickzackbewegung von links nach rechts oder umgekehrt wechselt die arbeitende Part gleichzeitig auf die entgegengesetzte Seite der festen Part, wobei sie über oder unter dieser geführt wird.

Dreifachgeschlagener türkischer Bund mit 2 Buchten und fünffachgeschlagener türkischer Bund mit 4 Buchten (Bild 213)

A. Man legt einen Rundtörn und legt eine Bucht der *arbeitenden Part* über die *feste Part*.

B. Der Tampen wird auf der rechten Seite um das Rohr herumgeführt und zwischen die 2 Überkreuzungen der Bucht von rechts nach links geflochten (unter und über).

N. B. In Wirklichkeit hat man jetzt das *Skelett* für einen dreifachgeschlagenen türkischen Bund mit 2 Buchten angefertigt. Soll dieser Knoten fertiggestellt werden, wird der Tampen hinter dem Rohr herum zur festen Part (links unten) geführt und folgt dieser bis zur gewünschten Zahl von Vervielfachungen.

Dieser Knoten findet heute allerdings keine große Verwendung mehr.

Bild 212. Diese Serviettenringe veranschaulichen (von rechts nach links) den Aufbau von dreifachgeschlagenen Knoten mit 2 Buchten zum elffachgeschlagenen Knoten mit 10 Buchten.

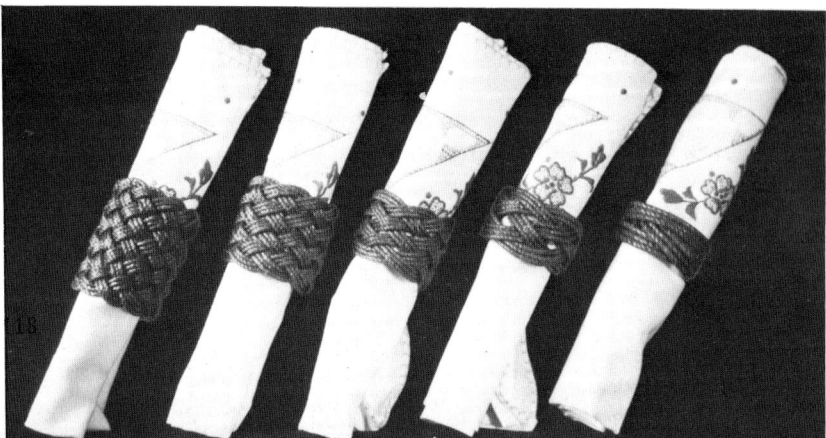

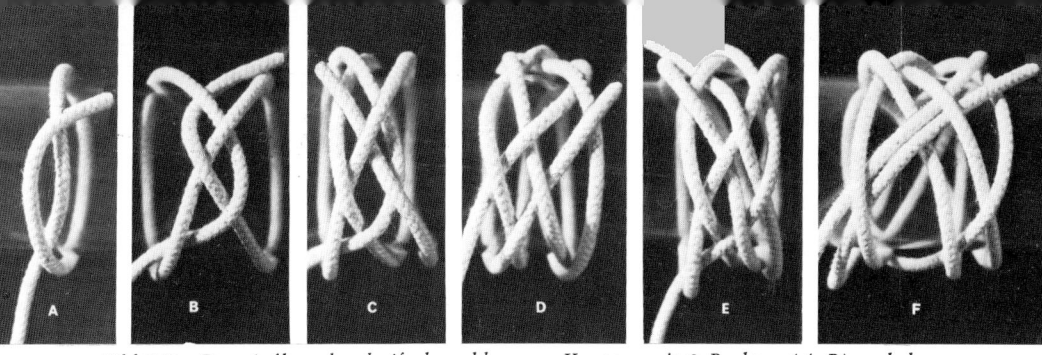

Bild 213. Der Aufbau des dreifachgeschlagenen Knotens mit 2 Buchten (A–B) und des fünffachgeschlagenen Knotens mit 4 Buchten (C–F).

C. Nach einem Rundtörn um das Rohr herum auf der rechten Seite wird der Tampen von rechts nach links geflochten — über die feste Part, dann unter und über.

D. Der Tampen wird wieder um das Rohr herumgeführt, auf der linken Seite. Genau vor der festen Part wird er nach rechts geflochten — über, unter und über.

E. Im Bild ist die Arbeit etwas nach unten gedreht; man bemerkt, daß das Zurückflechten von rechts nach links zuerst unter der festen Part geschieht, dann über, unter und über.

F. Die Arbeit ist nun etwas nach oben gedreht; dadurch ist deutlich zu erkennen, wie der Tampen auf der linken Seite um das Rohr herum geführt wird und ganz unten links auf die feste Part trifft. Das Skelett ist jetzt fertig, und der fünffachgeschlagene türkische Bund kann jetzt vervielfacht oder weiter zum siebenfachgeschlagenen Knoten entwickelt (aufgebaut) werden.
Im Bild ist der Tampen bereits zur Vervielfachung des Knotens parallel mit der festen Part geführt.

Siebenfachgeschlagener türkischer Bund mit 6 Buchten (Bild 214)

A. Man beginnt an der Stelle, wie es dem Bild 213 F entspricht. Der Tampen wird von links nach rechts parallel mit der festen Part geflochten und verläuft abschließend über die äußere Bucht auf der rechten Seite. Auf seinem Weg zurück von rechts nach links muß der Tampen zuerst über die feste Part geführt werden. Im Bild ist der Tampen von oben zu sehen.

B. Der Knoten wird etwas nach unten gedreht; der Tampen wird weiter nach links geflochten — über, unter und über. Man beachte, daß er wieder parallel zur festen Part verläuft, aber diesmal auf der entgegengesetzten Seite.

C. Die Arbeit wird etwas nach oben gedreht. Der Tampen wird auf der linken Seite um das Rohr herum geführt und direkt vor der festen Part nach rechts zwischen die 2 parallelen Parten und gegenläufig zu diesen geflochten — über, unter, über und unter.

D. Von rechts nach links wird zuerst

Bild 214. Aufbau des siebenfachgeschlagenen türkischen Bundes mit 6 Buchten.

Bild 215. Aufbau des neunfachgeschlagenen türkischen Bundes mit 8 Buchten.

unter die feste Part geflochten, darauf fährt man fort, indem man die 2 parallelen Parten durch Flechten *trennt* — man flicht dabei über, unter, über, unter und über.

E. Die Arbeit ist wieder etwas nach oben gedreht, so daß man erkennt, wie der Tampen ganz links über der letzten Bucht herauskommt und auf die feste Part trifft. Das Skelett für den siebenfachgeschlagenen türkischen Bund ist fertig; mit dem Tampen wird zur Verdopplung oder zum weiteren Aufbau eines größeren Knotens weitergearbeitet.

Neunfachgeschlagener türkischer Bund mit 8 Buchten (Bild 215)

A. Man beginnt mit dem Stadium in Bild 214 E. Der Tampen wird von links nach rechts parallel zur festen Part geflochten.

B. Der Tampen wird über die feste Part (im Bild rechts unten) geführt. Im weiteren folgt er parallel der festen

Part und wird dabei unter, über, unter und über geflochten.

C. Von links wieder zurück nach rechts wird der Tampen zwischen die beiden parallelen Parten eingeflochten (unter, über usw.).

D. Beim letzten Einflechten nach links wird der Tampen zuerst unter der festen Part hindurchgeführt, danach wird weiter geflochten, wobei die 2 parallelen Parten getrennt werden.

E. Der Tampen wird neben der festen Part zur Verdopplung des neunfachgeschlagenen Knotens oder zum Aufbau eines größeren Knotens eingeführt.

Vierfach-, sechsfach- und achtfachgeschlagener türkischer Bund

Für diese Gruppe ist eine gleiche Anzahl von Rundtörns und eine ungleiche Anzahl Buchten am Rand typisch. Genau wie bei der vorigen Gruppe ist die Anzahl der Buchten am Rand immer um 1 kleiner als die Anzahl der Rundtörns.

Bild 216. Fünffachgeschlagener Knoten mit 4 Buchten (sechsfach) um einen Pricker.

Bild 217. Handbesen mit fünffachgeschlagenem türkischen Bund, in zwei Farben ausgeführt. Modell: S. H. Sørensen

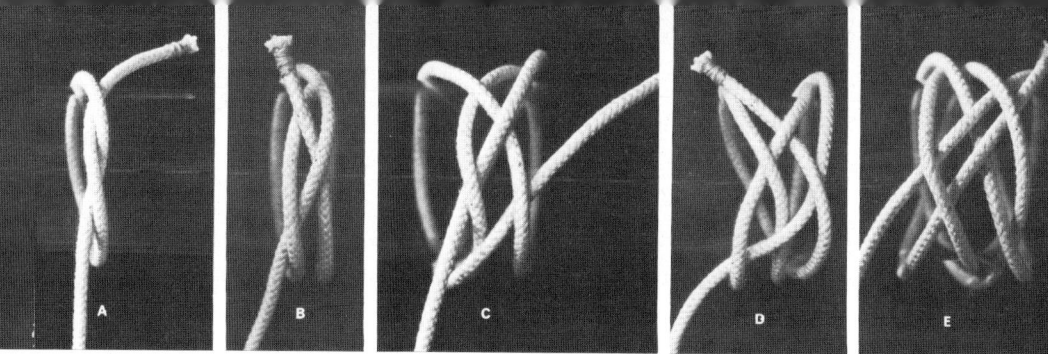

Bild 218. Aufbau des vierfachgeschlagenen türkischen Bundes mit 3 Buchten.

Vierfachgeschlagener türkischer Bund mit 3 Buchten (Bild 218)

A. Man legt einen halben Schlag um das Rohr (oder um drei Fingen der linken Hand.

B. Der Tampen wird einmal auf der rechten Seite um das Rohr herum geführt und zwischen die 2 Überkreuzungen des Knotens von rechts nach links eingeflochten — unter und über.

C. Der Tampen wird einmal nach links um das Rohr herumgelegt; kurz vor der festen Part wird er dann nach rechts geflochten — über und unter.

D. Dann wird nach links über die feste Part und weiter unter und über die folgenden Parten geflochten.

E. Der vierte Rundtörn wird ganz außen auf der linken Seite gelegt; darauf wird wieder parallel zur festen Part zur Verdopplung oder Verdreifachung eingeflochten.

Dieses Stadium kann man auch als Ausgangspunkt für den Aufbau eines größeren türkischen Bundes benützen.

Sechsfachgeschlagener türkischer Bund mit 5 Buchten (Bild 219)

Man beginnt dort, wo der vierfachgeschlagene Knoten beendet wurde (Bild 218 E). Im Bild 219 A ist der Knoten etwas nach unten gedreht. Der Tampen, der der festen Part von links nach rechts gefolgt ist, muß jetzt zurück nach links geflochten werden: der Tampen wird unter die feste Part geführt.

B. Es geht weiter parallel zur festen Part von rechts nach links — über, unter und über.

C. Der Tampen wird auf der linken Seite um das Rohr herumgelegt und kurz vor dem Erreichen der festen Part rechts geflochten (über, unter, über und unter), wobei er die 2 parallelen Parten trennt. Man erkennt den Tampen ganz oben rechts.

D. Beim nächsten Flechten von rechts nach links verläuft der Tampen zuerst über die feste Part.

E. Der Knoten ist wieder etwas gedreht. Der Tampen ist über die feste

Bild 219. Aufbau des sechsfachgeschlagenen türkischen Bundes mit 5 Buchten.

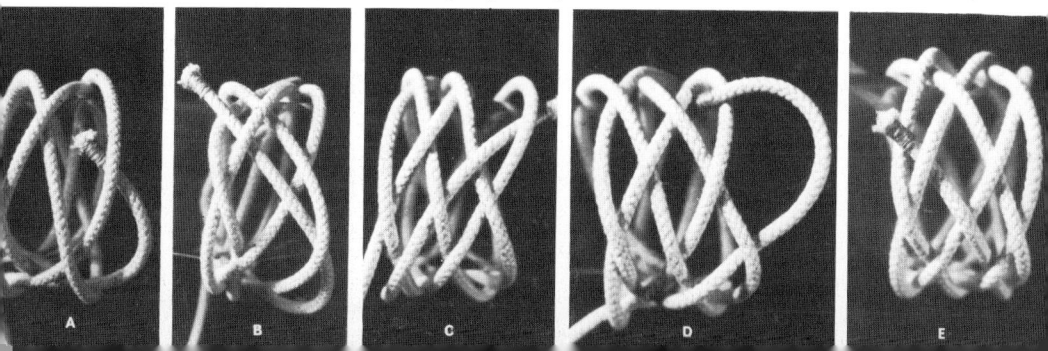

Bild 220. Aufbau des achtfachgeschlagenen türkischen Bundes mit 7 Buchten.

Part geführt und wird weiterhin von rechts nach links unter, über, unter und über geflochten. Der sechsfachgeschlagene türkische Bund ist fertig, die Veropplung kann beginnen.

Achtfachgeschlagener türkischer Bund mit 7 Buchten (Bild 220)

A. Der erste Teil wird beim Anfang der Verdopplung des sechsfachgeschlagenen Knotens ausgeführt. Der Tampen folgt der festen Part von links nach rechts.

B. Der Tampen wird unter der festen Part hindurchgeführt und folgt dieser im weiteren von rechts nach links — über, unter, über, unter und über.

C. Der Tampen trennt die zwei parallelen Parten beim nächsten Flechten von links nach rechts: über, unter, über, unter, über und unter.

D. Das letzte Flechten nach links geschieht erst über die feste Part, im weiteren Verlauf werden wiederum die zwei parallelen Parten durch das Flechten getrennt. Daraufhin wird der Tampen wieder neben der festen Part entweder zur Verdopplung oder zum Aufbau eines zehnfachgeschlagenen Knotens eingeflochten.

Dreifachgeschlagener türkischer Bund mit 5 Buchten

Unter den kleinen türkischen Bunden ist dieser Knoten wohl der schönste; gleichzeitig kann er als Grundknoten für einige nützliche Varianten verwendet werden.

Aufbau des dreifachgeschlagenen türkischen Bundes mit 5 Buchten (Bild 222)

A. Man legt zwei parallele Rundtörns um das Rohr (oder um vier Finger der linken Hand).

B. Der links liegende Törn (feste Part) wird über die rechtsliegende Part gelegt, so daß zwei Überkreuzungen entstehen.

Bild 221. Der schwache Punkt der Axt ist mit einem zehnfachgeschlagenen türkischen Bund geschützt; ein beginnender Bruch ist vorher durch Bändsel repariert.

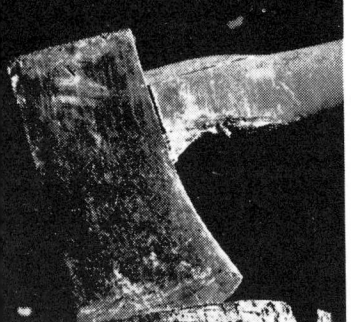

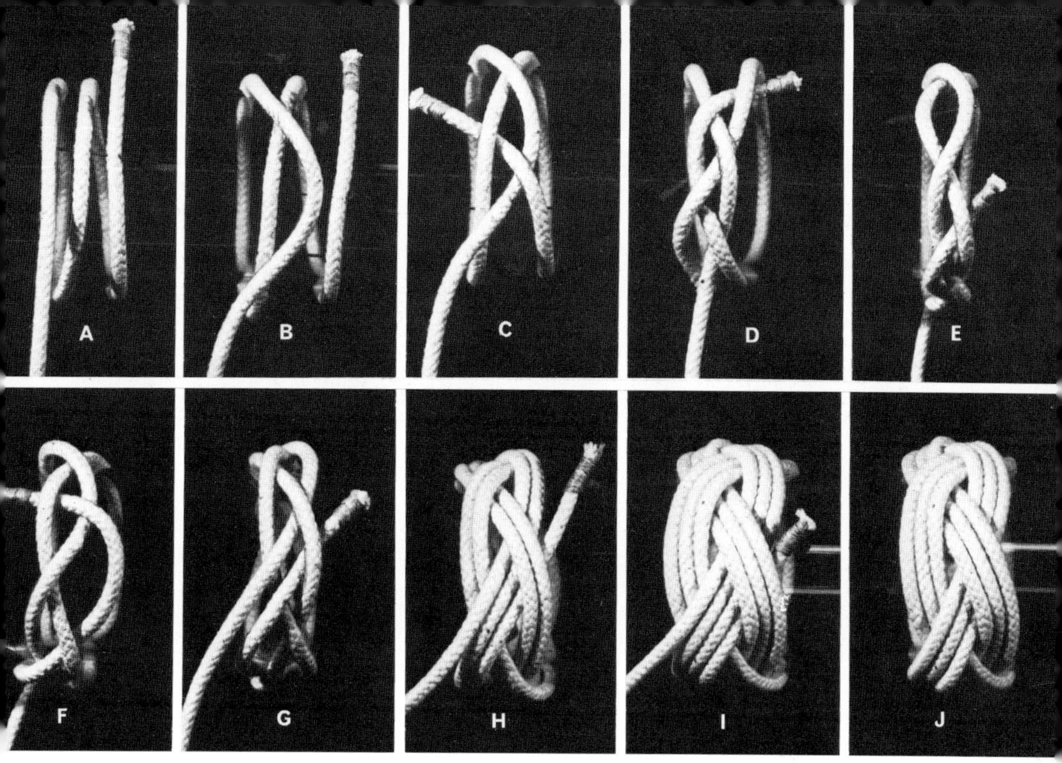

Bild 222. *Aufbau des dreifachgeschlagenen türkischen Bundes mit 5 Buchten.*

C. Der Tampen wird von rechts nach links zwischen die beiden Überkreuzungen geflochten — über und unter.
D. Der Tampen wird von links wieder zurück nach rechts geflochten — über und unter.
E. Zur besseren Anschaulichkeit ist der Knoten etwas nach unten gedreht. Der ganz links liegende Rundtörn wird wiederum in einer Bucht über den rechten Törn gelegt.
F. Der Tampen wird von rechts nach links geflochten — über und unter.
G. Der Tampen wird auf der linken Seite um das Rohr herumgelegt und dann auf der rechten Seite parallel zur festen Part geführt. Die Arbeit ist jetzt wieder etwas nach oben gedreht. Das Skelett ist fertig; man kann die Verdopplung oder den weiteren Aufbau des Knotens beginnen.
H. Die arbeitende Part ist dreimal um das Rohr herumgeführt worden,

und eine Verdopplung ist fertiggestellt.
I. Der dreifache türkische Bund.
J. Die Tampen sind gekappt und an der Unterseite des Knotens verborgen.
N. B. Soll der türkische Bund nicht fest um einen Gegenstand liegen, sondern als selbständiger Ring benutzt werden, können die Tampen mit etwas Leim befestigt werden.

Bild 223. *Serviettenringe aus dreifachgeschlagenem türkischen Bund mit 5 Buchten, aus dünnem Plastikrohr hergestellt. Die Verbindungen sind durch kleine Holzpfropfen und Leim hergestellt.*

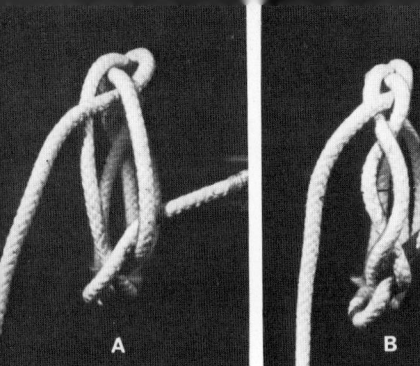

Bild 224. Aufbau des dreifachgeschlagenen türkischen Bundes mit 5 Buchten.

Der Aufbau von 5 Buchten zu 8 Buchten (Bild 224)

Der Aufbau geschieht als direkte Fortsetzung des dreifachgeschlagenen Knotens mit fünf Buchten zu Beginn der Verdopplung.

A. Dieser Zustand ist nahezu identisch mit Bild 206 H. Man beachte, daß feste Part und arbeitende Part so weit wie möglich voneinander weg gepreßt werden.

B. Die linke Part wird in einer Bucht über die rechte Part gelegt, so daß zwei Überkreuzungen entstehen.

C. Der Tampen wird von rechts nach links zwischen die beiden Überkreuzungen geflochten — über und unter.

D. Der Tampen wird von links zurück nach rechts parallel mit der festen Part geflochten. Nun hat man einen dreifachgeschlagenen türkischen Bund

mit 8 Buchten, und die Verdopplung oder Verdreifachung kann begonnen werden.

Will man dagegen noch mehr Buchten im Knoten haben, wird sich die Anzahl der Buchten bei jeder Wiederholung des Prozesses (A — B — C) um 3 erhöhen.

Der gedrungene türkische Bund (Bild 225)

Dieser Knoten, dessen Parten über 2 und unter 2 verlaufen, wird aus ca. 50 % stärkerem Garn als der gewöhnliche türkische Bund hergestellt.

Ausgangspunkt ist das Skelett für den dreifachgeschlagenen türkischen Bund mit 5 Buchten — gerade vor dem Beginn der Verdopplung (Bild 222 G). Das Grundprinzip besteht darin, daß der Tampen dreimal über einer Part

Bild 225. Aufbau des dreifachgeschlagenen gedrungenen türkischen Bundes.

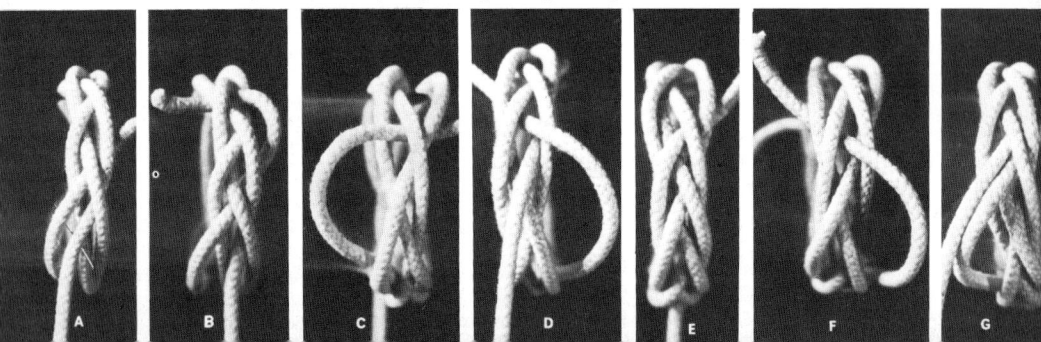

und unter zwei Parten verlaufen muß. Danach muß er dreimal über zwei und unter zwei Parten verlaufen.

A. Anstatt der festen Part zur Verdopplung zu folgen, wie in Bild 222 G gezeigt, wird der Tampen um die feste Part herumgeführt und folgt ihr ein kurzes Stück am oberen Rand. Er wird von links nach rechts über eine und unter zwei Parten geflochten.

B. Der Tampen folgt der festen Part wiederum ein kurzes Stück, wobei er von rechts nach links über eine und unter zwei Parten geflochten wird.

C. Die dritte Runde von links nach rechts (über 1 und unter 2).

D. Der Tampen muß jetzt von rechts nach links über 2 und unter 2 geflochten werden, indem er dort, wo es gerade paßt, nach unten gesteckt wird, so daß er zwei parallel verlaufende Parten trennt.

E. Die fünfte Runde von links nach rechts — über 2 und unter 2 Parten.

F. Die letzte Runde von rechts nach links — über 2 und unter 2 Parten.

G. Der Tampen wird parallel zur festen Part geführt, um die Verdopplung zu beginnen.

Bild 226. Dickes Garn ergibt bei diesem gedrungenen türkischen Bund eine gute „Stütze" für eine Kerze. Modell: Jacob Kaa

Bild 227. Der gedrungene türkische Bund ist als Verzierung für einen Korken gut geeignet. Man beachte die Stifte im Korken (links): sie verhindern ein Abrutschen des Knotens.

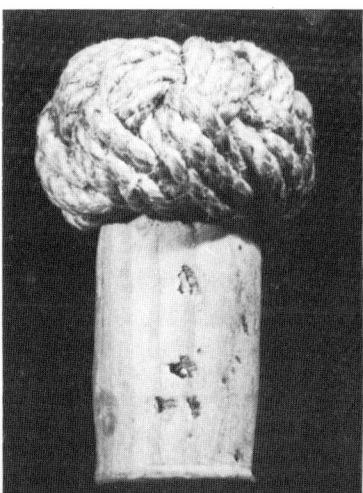

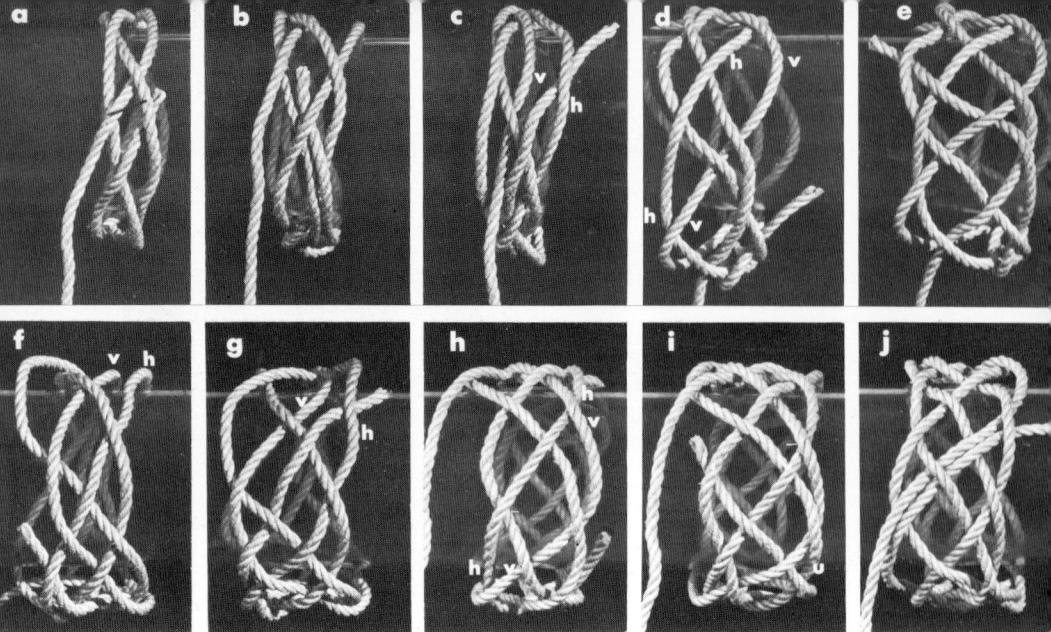

Bild 228. Aufbau des fünffachgeschlagenen türkischen Bundes mit 9 Buchten.

Große türkische Bunde, auf dem dreifachgeschlagenen Knoten mit 5 Buchten aufgebaut

Im vorigen Abschnitt ging es um dreifachgeschlagene türkische Bunde mit 5 Buchten und um zwei ihrer Aufbaumöglichkeiten.

Möchte man eine größere Auswahl von Knoten für verschiedene Zwecke haben, sollte man auch wissen, wie diese aus den langen dreifachgeschlagenen Knoten Schritt für Schritt aufgebaut werden können.

Benutzt man den dreifachgeschlagenen Knoten mit 5 Buchten als Ausgangspunkt, wird die Zahl der Buchten um vier wachsen, wenn die Anzahl der Rundtörns um zwei vermehrt wird. Das heißt, daß sich dieser Knoten beim Aufbau seiner Größe einem Verhältnis von 1 : 2 zwischen Breite und Länge annähert.

Benutzt man als Ausgangspunkt den dreifachgeschlagenen Knoten mit 8 Buchten, wird die Anzahl der Buchten um sechs zunehmen, wenn die Anzahl der Rundtörns um zwei vermehrt

wird. Geht man von dem dreifachgeschlagenen türkischen Bund mit 11 Buchten aus, wächst die Anzahl der Buchten um acht, wenn die Anzahl der Rundtörns um zwei vermehrt wird usw.

Die folgende Tabelle zeigt einige der Entwicklungsmöglichkeiten mit Hilfe dieser Methode. Die Zahl vor dem Schrägstrich gibt die Anzahl der Rundtörns an, nach dem Schrägstrich die Anzahl der Buchten.

Die erste Reihe der Tabelle bezeichnet den Ausgangsknoten, den dreifachgeschlagenen türkischen Bund mit 5, 8, 11, 14 und 17 Buchten:

3/5	3/8	3/11	3/14	3/17
5/9	5/14	5/19	5/24	5/29
7/13	7/20	7/27	7/34	7/41
9/17	9/26	9/35	9/44	9/53

Der Aufbau von Knoten der oberen Reihe zu einem der größeren Knoten in der darunterstehenden Säule wird nachstehend beschrieben. Als Beispiel dient der Aufbau von Grundknoten 3/5 zu den Knoten 5/9 und 7/13.

Fünffachgeschlagener türkischer Bund mit 9 Buchten (Bild 228)

A. Ausgangspunkt ist das Skelett für den dreifachgeschlagenen türkischen Bund mit 5 Buchten (Bild 222 G).

B. Der Tampen wird eine Runde parallel mit der festen Part wie beim Beginn einer Verdopplung geführt.

C. Bevor der Tampen die feste Part erreicht, wird er etwas nach rechts gedreht und über 1 und unter 1 geflochten, wobei er die beiden parallelen Parten v und h voneinander trennt.

D. Die Arbeit ist etwas nach unten gedreht. Von den ehemals parallelen Parten ist die linke Part (v) in einer Bucht über die rechte Part (h) gelegt, so daß zwei zusätzliche Überkreuzungen entstehen.

E. Der Tampen wird von rechts nach links eingeflochten: über, unter, über und unter.

F. Die Arbeit ist etwas nach unten gedreht. Man beachte rechts oben die beiden parallelen Parten v und h.

G. Der Tampen wird zweimal nach rechts geflochten (über und unter), wobei er abschließend die beiden parallelen Parten oben rechts voneinander trennt.

H. Die Arbeit ist wieder etwas nach unten gedreht. Von den beiden unter f und g erwähnten Parten ist die linke (v) in einer Bucht über die rechte Part (h) gelegt.

I. Der Tampen wird von rechts nach links zwischen die entstandenen Überkreuzungen geflochten — zweimal über und unter. Der Tampen trifft auf die feste Part, und somit ist das Skelett für den fünffachgeschlagenen türkischen Bund mit 9 Buchten fertig.

J. Der Tampen wird zur Verdopplung oder für den weiteren Aufbau zum siebenfachgeschlagenen Knoten mit 13 Buchten weitergeführt.

Bild 229. Die Gefäße sind mit dem siebenfachgeschlagenen türkischen Bund mit 13 Buchten gekleedet. Das mittlere Gefäß ist oben zusätzlich mit einem dreifachgeschlagenen türkischen Bund mit 13 Buchten gekleedet. Über die Deckel s. Bild 202.

Bild 230. Die Blumenübertöpfe bestehen aus neunfachgeschlagenem türkischen Bund mit 17 Buchten.   Modell: Jacob Kaa

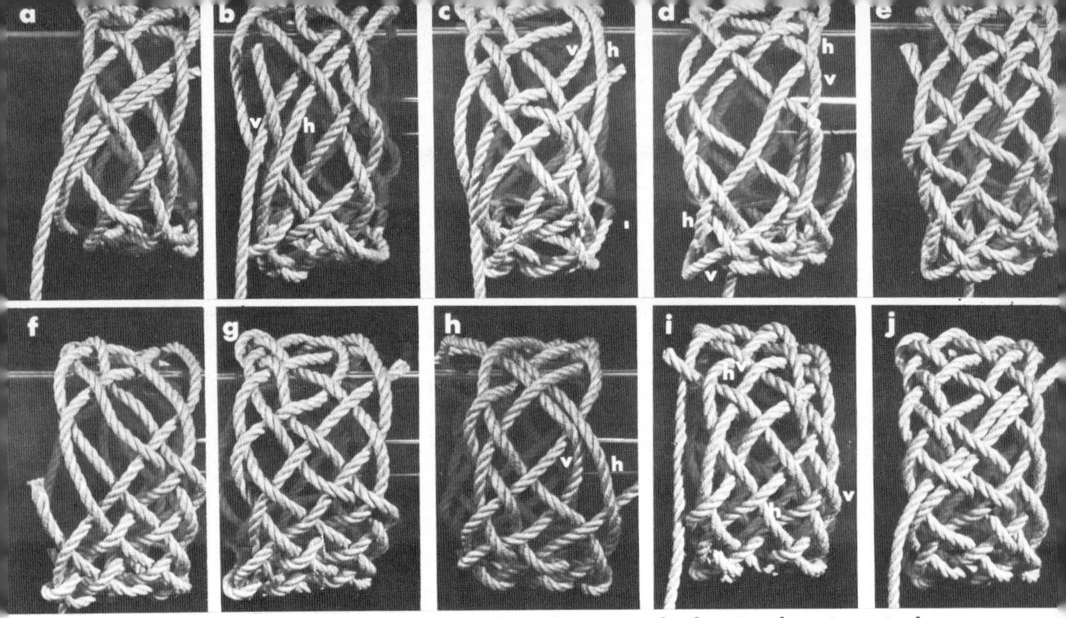

Bild 231. Aufbau des neunfachgeschlagenen türkischen Bundes mit 13 Buchten.

Siebenfachgeschlagener türkischer Bund mit 13 Buchten (Bild 231)

A. Ausgangspunkt ist das Skelett für den fünffachgeschlagenen Knoten mit 9 Buchten (Bild 228 j) bei begonnener Verdopplung.

B. Der Tampen ist einmal um das

Rohr herum parallel der festen Part gefolgt und trennt abschließend die parallelen Parten (v und h) von unten nach oben.

C. Der Tampen wird zweimal nach rechts geflochten (über und unter), wobei er weiterhin die 2 parallelen Parten trennt.

D. Die Arbeit ist ein wenig nach unten gedreht. Von den beiden parallelen Parten ist die linke (v) in einer Bucht über die rechte Part (h) gelegt.

E. Der Tampen wird zwischen die 2 Parten von rechts nach links dreimal über und unter geflochten.

Bild 232. Lampenschirm aus neunfachgeschlagenem türkischen Bund mit 26 Buchten. Modell: Jacob Kaa.

Bild 233. Die Affenfaust ist als Wurfleinenknoten am bekanntesten, kann jedoch auch für andere Zwecke verwendet werden.

F. Die Arbeit ist etwas nach unten gedreht.

G. Der Tampen wird dreimal nach rechts — über und unter — geflochten.

H. Die Arbeit ist wieder etwas nach unten gedreht. Man beachte die beiden parallelen Parten v und h.

I. Von den beiden parallelen Parten wird die linke (v) in einer Bucht über die rechte Part (h) gelegt. Der Tampen wird dreimal zwischen die Parten von rechts nach links geflochten (über und unter). Er trifft auf die feste Part, und das Skelett für den siebenfachgeschlagenen türkischen Bund mit 13 Buchten ist fertig.

J. Der Tampen wird parallel zur festen Part eingeflochten — zur Verdopplung oder zum weiteren Aufbau eines größeren türkischen Bundes (z. B. neunfachgeschlagener Knoten mit 17 Buchten, elffachgeschlagener Knoten mit 21 Buchten usw.

DIE AFFENFAUST

Bild 234 zeigt die am häufigsten benutzte Methode zur Herstellung der Affenfaust, eines kugelförmigen Knotens, der eigentlich nichts mit dem türkischen Bund zu tun hat. Für den dreifachgeschlagenen Knoten braucht man eine Garn — oder Leinenlänge von mindestens dem 12fachen Umfang. Man legt zuerst 3 Rundtörns um eine Hand. Dann legt man weitere 3 Rundtörns im rechten Winkel auf die ersten. Das *Knäuel* wird wieder gedreht, und abschließend legt man 3 Rundtörns, die unter den ersten, aber über den zweiten Rundtörns und im rechten Winkel zu diesen verlaufen.

Man legt einen kugelförmigen Gegenstand mit geeignetem Gewicht und Größe in das Knäuel und zieht die Buchten fest, bis sie fest um den Gegenstand herumliegen. Die beiden

Bild 234. Herstellung der Affenfaust. Siehe Text.

freien Tampen können zu einem Stropp gespleißt werden.

Im Bild 233 ist der Tampen unter den Buchten versteckt. Dafür wird eine der außenliegenden Buchten als Stropp verwendet: sie ist etwas aus den obenliegenden Buchten herausgezogen.

Schweinsrücken

Der Schweinsrücken (amerikanisch: hog backing) wurde früher in der praktischen Seemannschaft in weitem Umfange zum Kleeden von Ringbolzen u. ä. angewendet; Hauptzweck war der Schutz gegen Schamfilen. Heute benutzt man den Schweinsrücken hauptsächlich für dekorative Zwecke, u. a. weil viele seiner Varianten, die vorwiegend auf dem halben Schlag basieren, als schmucke Kleedung runder Gegenstände sehr gut geeignet sind: für Handgriffe, Reling, Augen in Tauwerksarbeiten usw.

Der Schweinsrücken wird am häufigsten mit einer einzelnen Part aus dünnerem Garn ausgeführt; man kann aber ebenso gut auch doppeltes Garn verwenden. Im übrigen kann man mit bis zu 6 Parten arbeiten (einfache und doppelte), wodurch sich zahlreiche Variationsmöglichkeiten ergeben. Es ist nicht ungewöhnlich, Anfang und Abschluß des Schweinsrückens durch einen türkischen Bund zu verdecken.

Herstellung des Schweinsrückens (Bild 236 und 238)

A. Am bekanntesten ist der geschlossene Halbschlag-Schweinsrücken, aus einer einzelnen Part angefertigt. Nach jeder Runde um das Rohr wird der Tampen in entgegengesetzter Richtung mit einem halben Schlag unter beiden Parten des vorherigen halben Schlages hindurchgeführt. Siehe auch Bild 241.

B. Der geschlossene Halbschlag-Schweinsrücken, mit doppeltem Garn ausgeführt: eine Variante von A.

C. Der geschlossene Halbschlag-Schweinsrücken mit 3 Rücken. Eine Variante von A, bei der man vor jedem Rundtörn drei halbe Schläge in geeignetem Abstand zueinander legt. Im Bild erkennt man deutlich die Verwandtschaft mit dem Katning, auch wird die Mannigfaltigkeit der Variationsmöglichkeiten deutlich.

D. Der Spiral-Schweinsrücken besteht aus einer Reihe einheitlicher halber Schläge, die hintereinander gelegt wer-

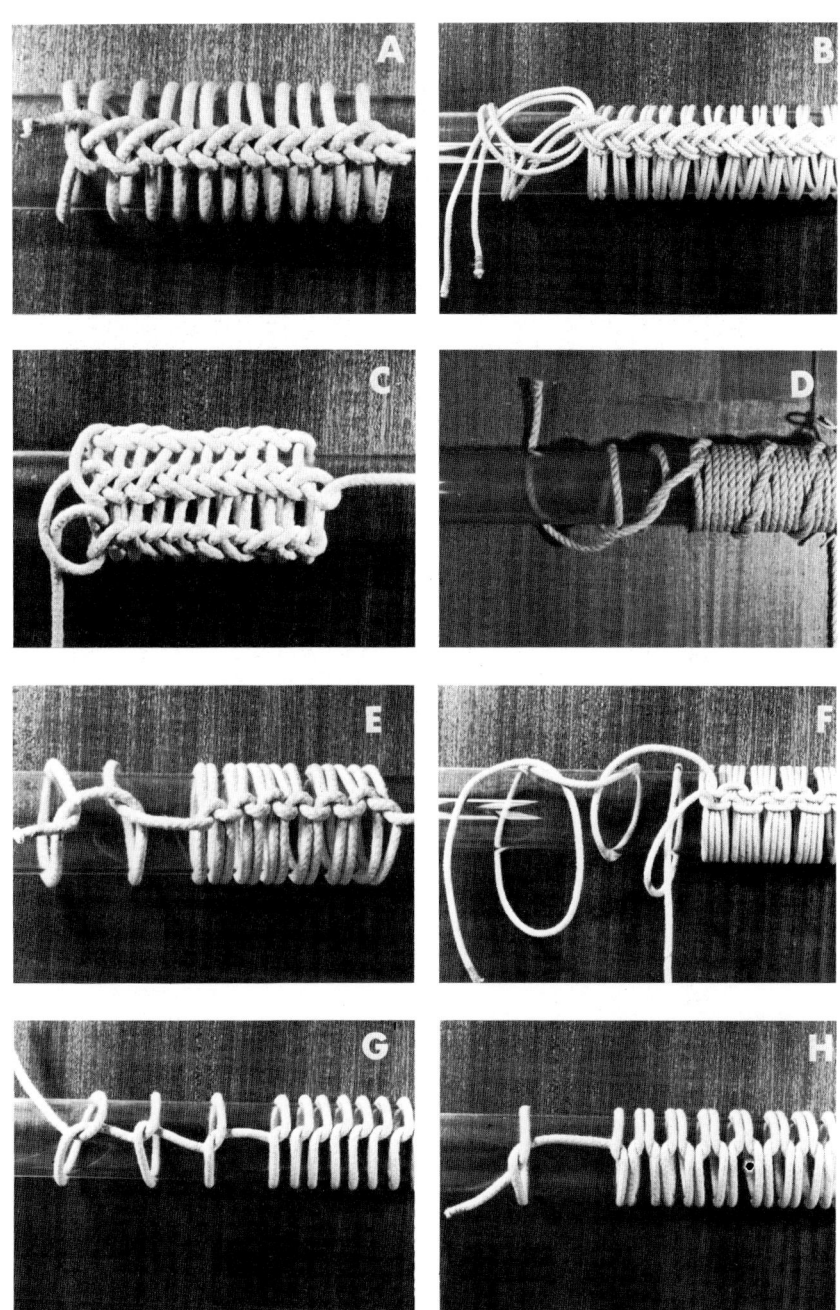

Bild 236. Verschiedene Schweinsrücken. Siehe Text.

131

*Bild 237. Grummetstropp, mit Schweins-
rücken gekleedet; Ausführung wie in Bild
236 B.*

den. Sie bilden eine Spirale um den be-
treffenden Gegenstand. Der Spiral-
Schweinsrücken ist leicht anzufertigen,
man findet ihn häufig auf amerikanischen Kriegsschiffen als Kleedung der
Reling (siehe Bild 240).
E. Will man konsequent in der Na-
mensgebung bleiben, so ist dies ein
Lerchenkopf-Schweinsrücken. Man
sollte ihn aber besser als einen Schweins-

rücken aus wechselnden halben Schlägen bezeichnen. Hier wechselt ein
rechtsgeschlagener halber Schlag mit
einem linksgeschlagenen ab.
N. B. Legt man 2 oder mehrere
rechtsgeschlagene halbe Schläge, auf
die eine entsprechende Anzahl von
linksgeschlagenen folgt, erhält man
ein Zickzackmuster.
F. Eine Weiterentwicklung von E, mit
2 Parten ausgeführt. Mit jeder Part
werden abwechselnd 2 halbe Schläge –
ein rechts- und ein linksgeschlagener –
gelegt.
G. Der Marlleinen-Schweinsrücken
besteht aus einer fortlaufenden Reihe
von Marlschlägen; nach jedem Rundtörn wird ein gewöhnlicher rechtsgeschlagener Überhandknoten ausgeführt.
Liegen die Knoten dicht aneinander,
bilden sie einen Schweinsrücken. Bei
größerem Knotenabstand spricht man
von *marlen.* Das Marlen wird u. a. bei

Bild 238. Schweinsrücken mit 3 Parten. Siehe Text.

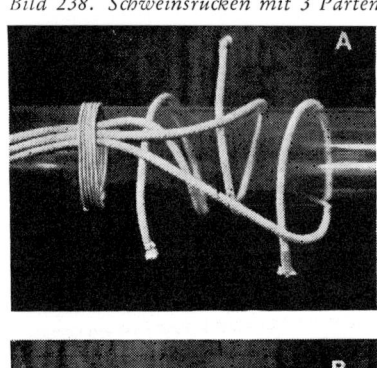

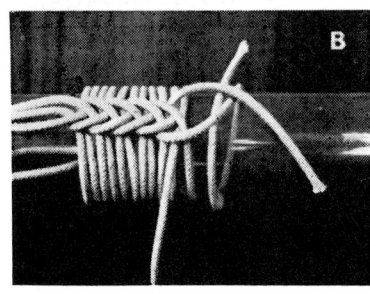

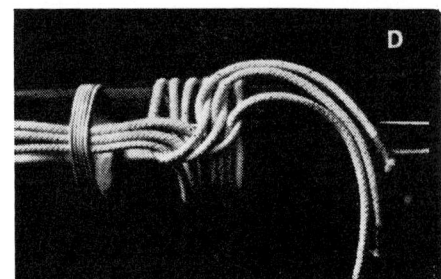

*Bild 239. Glashalter (siehe Bild 38), deren Griffe mit verschiedenem Schweinsrücken ge-
kleedet sind.*

bestimmten Zurrings angewendet und
hat den Vorteil, daß der Zurring sich
nicht löst, wenn ein einzelner Knoten
sich löst oder bricht.

H. Schweinsrücken aus wechselnden
Marlschlägen: man führt abwechselnd
einen rechtsgeschlagenen und einen
linksgeschlagenen Überhandknoten um
das Rohr aus. Das Muster ähnelt einer
fortlaufenden Reihe verkehrter Lerchenköpfe. Eine Variante von G; vergleiche auch mit E.

*Bild 240. Mit Schweinsrücken (siehe Bild
236 D) gekleedete Reling eines amerikanischen Eisbrechers.*

Bild 238 A und B zeigen eine Variante
des Bildes 236 E, mit 3 Parten ausgeführt. Mit diesen 3 Parten legt man
einen einzelnen halben Schlag, wobei
laufend zwischen rechts- und linksgeschlagenem halben Schlag abgewechselt wird.
Bild 238 C und D sind gleichfalls eine
Variante des Bildes 236 E, mit 3 Parten ausgeführt. Mit allen 3 Parten wird
zuerst ein rechtsgeschlagener halber
Schlag gelegt, dann mit allen 3 Parten
ein linksgeschlagener usw.

*Bild 241. Ausgefranste Rockärmel, mit
Schweinsrücken besetzt.*

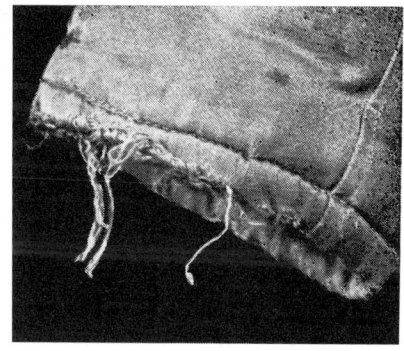

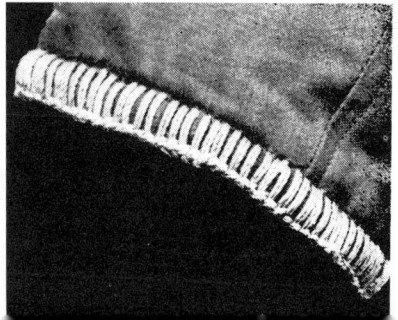

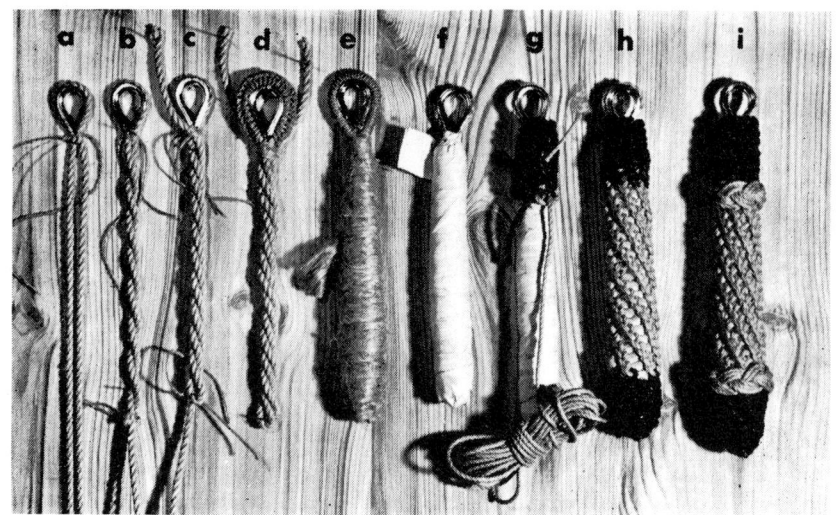

Bild 242. Aufbau eines Handgriffs (von innen nach außen).

Bild 242 A. Glockenstränge mit Halbschlagkatning und türkischem Bund.

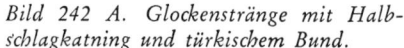

Kombinierte Arbeiten

Einiges über Handgriffe und Glockenstränge

Handgriffe für verschiedene Zwecke werden oft als Tauwerksarbeiten hergestellt. Hier wird eine Methode vorgestellt, mit deren Hilfe man bei einem Handgriff ein solides Auge und eine sichere Formgebung erzielen kann.

Bild 242 zeigt eine Entwicklung, die verschiedene bereits vorgestellte Arbeiten miteinander kombiniert.

a. ca. 70 cm Hanfleine mit $3^{1/2}$ mm Ø wird um eine Kausch gelegt und mit einem Würgestek befestigt. b. Die beiden Parten werden dann entgegen ihrem eigenen Schlag zusammengedreht. In

Bild 243. Matten, Rosetten und andere Dekorationen auf Flaschen und Flaschenuntersätzen.

Bild 244. Mit Halbrundplatting eingefaßte Matte.

15 cm Abstand von der Kausch wird ein Bändsel aufgesetzt. c. Eine der beiden Parten wird in Richtung auf die Kausch zurück*gedreht*. d. Das gleiche wird mit der anderen Part vorgenommen, dann legt man um alle 4 Parten gleich unter dem Auge ein festes Bändsel. Die Tampen werden gekappt. e. Der kabelgeschlagene *Stamm* wird fest mit Kabelgarn bis zur gewünschten Dicke und Form entwickelt. f. Man verleiht dem Handgriff eine glatte Oberfläche in der gewünschten Farbe, z. B. durch Bewickeln mit selbstklebenden Leinenstreifen. g. Ein offener Halbschlagkatning wird begonnen. Man beachte, wie ein neues Garnende eingesetzt wird. h. Der Katning ist fertig. i. Die Übergänge sind durch türkischen Bund verdeckt.

Bild 242 A. Glockenstränge, mit verschiedenen Katnings und türkischen Bunden gekleedet. Modell: J. Banks Jørgensen.

135

Einige norwegische Seemannsarbeiten

Die Weinflasche in Bild 245 ist mit gewöhnlichem Segelgarn dekoriert – eine Arbeit von Frode Johansen, Oslo. Ein türkischer Bund ganz oben verbirgt den Takling, bei dem der Kreuzkatning anfängt. Ein Ring, mit Schweinsrücken gekleedet, verdeckt den Übergang zum Hauptmuster, das zwischen Kronenkatning und gewebtem Katning wechselt. In Flaschenmitte ist ein Motiv aus offenem Kreuzkatning und ovaler Matte eingearbeitet. Am Flaschenboden wird der Abschluß von einem Tauwerksring verdeckt, der mit Schweinsrücken gekleedet ist.

Bild 246 zeigt einen Preis, der dem Vollschiff *Christian Radich* als Anerkennung für den Sieg in der Schulschiff-Regatta 1962 zuerkannt wurde. Spender war ein ehemaliger norwegischer Seemann, Harald A. Christensen in Bay Ridge. Oben erkennt man ein Zepter, unten einen Glockenstrang, beide überwiegend mit dem Kreuzkatning dekoriert; außerdem findet man den türkischen Bund und den Sternenknoten. Der Ring ist mit Schweinsrücken gekleedet, die Spitzen mit dem geschlossenen Halbschlagkatning. Die Unterlagsplatte ist mit einer Halbrundplatting eingerahmt.

Der Glockenständer in Bild 247 ist von Frode Johansen, Oslo, angefertigt. Der Bogen ist mit Kreuzkatning in der Mitte und Kronenkatning an beiden Enden gekleedet. Die Zwischenstücke ·sind mit einer Flachknotenplatting gekleedet. Die Glocke hängt in einem mit Schweinsrücken gekleedeten Ring (siehe Bild 238 C–D), und der Übergang vom Ring zur Glocke ist mit Sternenknoten und türkischem Bund bedeckt.

Bild 245. Dekoration aus Segelgarn.

136

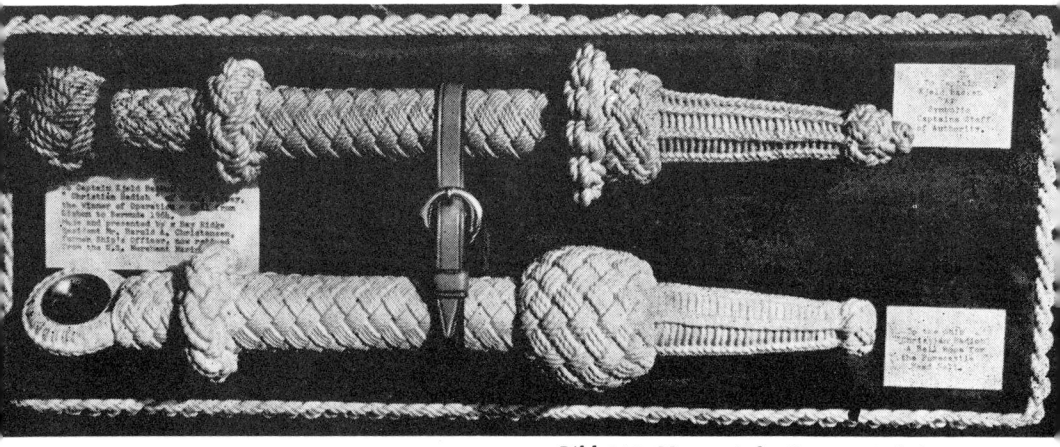

Bild 246. *Norwegische Seemannsarbeit.*

Bild 247. *Glockenständer mit verschiedenen Katnings, Zierknoten und Schweinsrücken.*

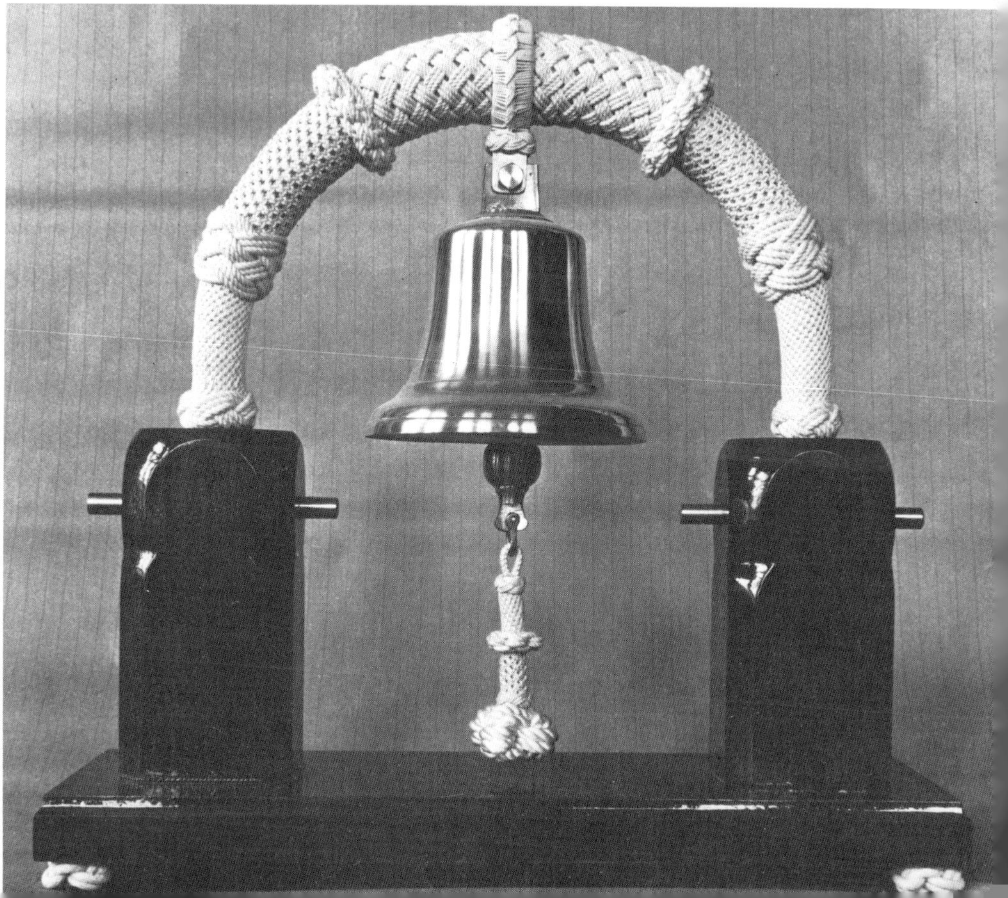

Bild 248. Adventskränze aus kombinierten Tauwerksarbeiten.

Adventskränze und Weihnachtsbäume
Die im Bild 248 gezeigten Adventskränze werden von einem *Tauwerksstamm* getragen, der durch eine Seele aus Metalldraht versteift wurde; die Höhe beträgt 50–60 cm.
Die Arbeit im linken Teilbild stammt von J. Banke Jørgensen, die übrigen von Peter Poulsen.
Bild 249 zeigt einen von Peter Poulsens *Weihnachtsbäumen* in Nahaufnahme. Die Buchstaben im Bild kennzeichnen die einzelnen Tauwerksarbeiten sowie deren Garndurchmesser.

a. Offene Krone 2 mm
b. Doppelter Diamantknoten 2 mm
c. Achtfachgeschlagener Sternenknoten 2 mm
d. Lerchenköpfe 2 mm, um einen Grummetstropp
e. Flachplatting 2 mm
f. Schraubenplatting 2 mm
g. Flachplatting 2 mm, um den Stamm
h. Rosenknoten 1¹/₂ mm
i. Rundplatting 1¹/₂ mm
j. Grummetstropp 5 mm
k. Kugelförmiger türkischer Bund 1¹/₂ mm

l. Ringförmiger türkischer Bund 2 mm
m. Türkischer Bund 2 mm, um den Kerzenhalter
n. Sternenknoten 2 mm
o. Rohrförmiger türkischer Bund 2 mm
p. Diamantknoten 20 mm
q. Stamm 20 mm
r. Diamantknoten 1¹/₂ mm
s. Doppelter Taljereepsknoten 1¹/₂ mm
t. Grummetstropp 20 mm
u. Französische Platting 1¹/₂ mm
v. Rundplatting 1¹/₂ mm
w. Grummetstropp 20 mm, um eine Pockholzscheibe
x. Grummetstropp 20 mm
y. Sternenknoten 20 mm
z. Grummetstropp 10 mm, gekleedet mit Schweinsrücken 2 mm

Als Kerzenhalter, um die ein türkischer Bund gelegt ist, wurden *Stuhlbeinschoner* aus Metall oder Kunststoff verwendet; sie sind mit einer Schraube durch den Boden auf dem dicken Kardeelring befestigt.

Bild 249. Ein geschmückter Weihnachts-Baum.

138

Bild 250. Südamerikanischer Farmer zu Pferde.

Bild 251. Spinne. Siehe Text.

Tauwerksfiguren

(Die hier gezeigten Arbeiten stehen unter Musterschutz).

Zur Anfertigung von Figuren aus Tauwerk wird eine Seele aus weichem Metalldraht in das Tauwerk eingelegt, so daß man ein gut formbares Material mit weitaus geringeren Spannungen als normal erhält. Man kann dieses Material also formen und durch verschiedene Komponenten ergänzen. Einige wenige Beispiele sollen vorgeführt werden.

Bild 250 zeigt eine Arbeit aus 10 mm Hanfleine, von Steuermann Georg Kürstein Nielsen ausgeführt. Der südamerikanische Farmer, mit seinen Körben (neunfachgeschlagener türkischer Bund), auf dem Weg zum Markt, hat einen aus Tauwerk mit *Eisendrahtseele* geformten Körper samt Gliedmaßen; Kopf und Hände sind einfache Stopperknoten mit Krone. Der Hals des Pferdes besteht aus Kabelgarn, die Mähne aus einer Tausendfüßlerplatting, der Pferdekopf und die Hufe schließlich werden vom spanischen Takling gebildet.

Die aus 9 mm Sisalleine hergestellte Spinne in Bild 251 und 252 stammt ebenfalls von der Hand Georg Kürstein Nielsens. Der Hinterleib besteht aus einer doppelten zusammengenähten Spirale, der Kopf wird von einer Affenfaust dargestellt.

Bild 252. Der Kopf ist eine Affenfaust; die Beine sind mit Metalldraht versteift und am Ende mit einem genähten Takling versehen.

Bild 253. Ballerina. Siehe Text.   *Bild 254. Jørgen Blochs Löwe.*

Die Tänzerin in Bild 253 (auch ein Modell von Georg Kürstein Nielsen) ist aus den gleichen Komponenten wie der südamerikanische Farmer zu Pferde gebaut; Röckchen und Kronenkragen bestehen aus Tausendfüßlerplatting.
Bild 254 zeigt den bekannten Löwen des Steuermanns J. Bloch; Kopf und Tatzen sind doppelte Stopperknoten, der Körper ein spanischer Takling. Die Mähne besteht aus einer Tausendfüßlerplatting aus gelohtem Manilahanf.
Bild 255 stellt eines von Steuermann J. Blochs Meisterstücken vor; der stilisierte Pinguin ist aus einem einzelnen Kardeel aus weißem Sisal, einem langen dunklen Bändsel und einer dunklen, büschelartigen Faser hergestellt.

Bild 255. Tauwerk kann auch für moderne Formgebung benutzt werden.

Stichwörterverzeichnis

Wolfgang J. Krauss

Die sonderbare Welt des Seglers Gustaf
Neue Geschichten vom Segler Gustaf
Freud und Leid des Seglers Gustaf

Der Segler Gustaf ist ein weitbekannter Mann. Er hat in allen Landen zigtausend Freunde, die sich über ihn amüsieren, die er aber auch gelegentlich nachdenklich macht mit den für einen Segler so typischen oder untypischen Episoden. Drei Bände füllen sie, von denen einer hier abgebildet ist. Wenn Sie Gustafs Bekanntschaft machen möchten, lesen Sie sie – Sie werden sicher auch schnell Freundschaft mit ihm schließen. Übrigens: Auch Nichtsegler schätzen Gustaf, weil er ihnen auf so liebenswürdige Art Einblick gewährt in die Gedanken- und Erlebniswelt eines Seglers – obwohl, das muß gesagt werden, jede Ähnlichkeit Gustafs mit einer lebenden Person rein zufällig wäre.

Jeder Band hat 96 Seiten mit Zeichnungen von Kurt Schmischke, einen farbigen Einband und kostet DM 9,80

Richard Bouwman

Kabbelwasser

29 Stories aus dem Cockpit

Kabbelwasser – durcheinander laufende Strömungen und Wellen – wird an sich von Seglern nicht sehr geschätzt. Dieses Kabbelwasser aber ist äußerst liebenswürdig. Es handelt sich dabei um fröhliche Lektionen übers Segeln und über Segler, die Eingeweihten und Uneingeweihten viel Spaß machen. Letztere amüsieren sich nicht bloß, sondern profitieren sogar noch davon, denn sie erfahren auf nette Art eine Menge wissenswerter Dinge über den Segelsport und alles, was damit zusammenhängt. Das Buch ist eine überaus erfrischende Lektüre, die man jedem in die Hand geben kann, der Freude oder Interesse am Segeln hat.

152 Seiten mit 43 Zeichnungen, farbiger Einband, DM 14,80

 **Delius, Klasing**
Bielefeld